나의 멘토이자 진실한 벗

고(故) 데이빗 알소브룩에게 이 책을 바칩니다.

더 높은 부르심

제임스 말로니 지음
박철수 옮김

LIVING ABOVE THE SNAKE LINE

그러나 이 모든 일에 우리를 사랑하시는 이로
말미암아 우리가 넉넉히 이기느니라 (롬 8:37)

LIVING
ABOVE
THE
SNAKE
LINE

| 목차 |

Chapter 1 사탄은 모든 영역에서 패배했다 ········· 7

Chapter 2 그리스도 안에 감춰진 곳 ········· 25

Chapter 3 거룩한 길 ········· 51

Chapter 4 견고한 진을 파쇄하라 ········· 75

Chapter 5 전쟁 준비 ········· 103

Chapter 6 우리에게 가장 필요한 것 ········· 127

Chapter 7 당신의 적을 알라 ········· 145

Chapter 8 원수의 압제 ········· 171

Chapter 9 권세를 취하라 ········· 197

너 아침의 아들 계명성이여 어찌 그리 하늘에서 떨어졌으며 너 열국을 엎은 자여 어찌 그리 땅에 찍혔는고 네가 네 마음에 이르기를 내가 하늘에 올라 하나님의 뭇 별 위에 내 자리를 높이리라 내가 북극 집회의 산 위에 앉으리라 가장 높은 구름에 올라가 지극히 높은 이와 같아지리라 하는도다 그러나 이제 네가 스올 곧 구덩이 맨 밑에 떨어짐을 당하리로다 너를 보는 이가 주목하여 너를 자세히 살펴보며 말하기를 이 사람이 땅을 진동시키며 열국을 놀라게 하며 세계를 황무하게 하며 성읍을 파괴하며 그에게 사로잡힌 자들을 집으로 놓아 보내지 아니하던 자가 아니냐 하리로다 열방의 모든 왕들은 모두 각각 자기 집에서 영광 중에 자건마는 오직 너는 자기 무덤에서 내쫓겼으니 가증한 나무 가지 같고 칼에 찔려 돌구덩이에 떨어진 주검들에 둘러싸였으니 밟힌 시체와 같도다 네가 네 땅을 망하게 하였고 네 백성을 죽였으므로 그들과 함께 안장되지 못하나니 악을 행하는 자들의 후손은 영원히 이름이 불려지지 아니하리로다 할지니라 너희는 그들의 조상들의 죄악으로 말미암아 그의 자손 도륙하기를 준비하여 그들이 일어나 땅을 차지하여 성읍들로 세상을 가득하게 하지 못하게 하라 만군의 여호와께서 말씀하시되 내가 일어나 그들을 쳐서 이름과 남은 자와 아들과 후손을 바벨론에서 끊으리라 나 여호와의 말이니라 내가 또 그것이 고슴도치의 굴혈과 물 웅덩이가 되게 하고 또 멸망의 빗자루로 청소하리라 나 만군의 여호와의 말이니라 하시니라 만군의 여호와께서 맹세하여 이르시되 내가 생각한 것이 반드시 되며 내가 경영한 것을 반드시 이루리라 내가 앗수르를 나의 땅에서 파하며 나의 산에서 그것을 짓밟으리니 그 때에 그의 멍에가 이스라엘에게서 떠나고 그의 짐이 그들의 어깨에서 벗어질 것이라 이것이 온 세계를 향하여 정한 경영이며 이것이 열방을 향하여 편 손이라 하셨나니 만군의 여호와께서 경영하셨은즉 누가 능히 그것을 폐하며 그의 손을 펴셨은즉 누가 능히 그것을 돌이키랴 (사 14:12-17)

사탄은 모든 영역에서 패배했다

Chapter 1

Chapter 1

사탄은 패배한 적이다. 그리스도를 따르는 사람이라면, 시간이 지남에 따라 어느 정도 이 사실을 알게 된다. 원수의 역사가 십자가에 달리신 그리스도의 죽음 앞에 무기력해졌다는 성경적 개념을 당신도 알 것이다. 마귀는 그의 가장 위대한 승리 곧 예수님의 죽음을 기획했지만, 오히려 자신이 망하게 되었다. 그는 하늘과 땅의 모든 권세를 받으신 하나님의 아들의 발에 처참하게 밟히고 말았다(마 28:18, 계 5:13). 예수님께서 죽으셨을 때, 사탄의 권세는 무장해제되었다. 아버지께서 주님을 죽은 자 가운데 살리시고 높이셨을 때, 타락한 루시퍼를 영원히 능가하는 예수님의 위치는 완전히 확고해졌다.

이러므로 하나님이 그를 지극히 높여 모든 이름 위에 뛰어난 이름을 주사 하늘에 있는 자들과 땅에 있는 자들과 땅 아래에 있는 자들로 모든 무릎을 예수의 이름에 꿇게 하시고 모든 입으로 예수 그리스도를 주라 시인하여 하나님 아버지께 영광을 돌리게 하셨느니라 (빌 2:9-11).

천국의 열쇠들 가운데 가장 위대한 것 중 하나는 성부 하나님께서 베드로에게 주셨던 것, 곧 예수 그리스도가 살아 계신 하나님의 아들이시라는 계시다(마 16:13-20). 예수님은 이 반석 위에 그분의 교회를 세우실 것이며, 지옥의 문들이 그것을 이길 수 없다고 말씀하셨다. 묶고 푸는 신자의 권세는 그리스도께서 거짓의 왕 사탄을 포함하여 지옥의 모든 것을 이기셨다는 깨달음에 확고한 뿌리를 두고 있다. 우리 주님은 정복하시는 왕, 완전한 승리자이시다. 사실 사탄은 모든 영역에서 이미 패배했다! 그는 철저하게 토벌되고 완패를 당한 폭군일 뿐이다. 그는 더 이상 이전 같은 마귀가 아니다!

오늘날 축사 사역에 대한 많은 서적들이 있다. 그리고 그런 책들의 대다수는 각기 큰 장점을 가지고 있다. 하지만 이 책의 독특한 점(그리고 중요하다고 생각하는 점)은 우리가 직면하고 있는 적이 입이 묶이고 완전히 패배했다는 관점으로 축사를 본다는 것이다. 악한 영들이 이미 패배했다는 사실은 아무리 강조해도 지나치지 않다. 그들은 우리의 삶에 대해 어떤 권세나 능력도 없다. 다만 예수님을 믿는 우리가 그들에게 힘을 실어 준 것에 대해서만 그들이 취할 수 있다. 어떤 날은 마귀가 이기고, 다른 날은 하나님께서 이기시는 듯한 밀고 당기는 싸움이 아니다. 가련한 인간은 천군·천사와 마귀의 군대가 격전을 벌이고 있는 한가운데 갇혀 있는 것이 아니다. 그것은 잘못된 철학이다.

물론 나는 사탄이 공중 권세 잡은 자the prince of the power of the air(엡 2:2)이며, 그의 활동으로 인해 이 세상의 시스템이 부패해 있다는 사실을 잘 알고 있다. 헬라어로 프린스prince는 최고 통치권자나 사령관 같은 서열 1위의 사람이라는 뜻이다. 여기서 권세power는 사법권을 뜻한다. 공중air에 해당하는 헬라어 아에르aer는 문자 그대로 지구 표면 근처에 낮게 깔려 있는 짙은 대기층을 말한다. 즉, 우주의 희박한 공기가 아니라 우리가 숨 쉬는 공기이다.

다시 말해서, 사탄은 이 지상계의 사법권을 관장하는 최고 통치자다. 그러나 그가 그 자리를 소유한 것은 아니다. 사탄은 아담이 범죄했을 때 그에게 넘겨준 위임된(사실은 도둑질한) 권위를 사용하고 있을 뿐이다.

나는 타락한 원수들이 지역에 대한 영향력을 다시 차지하려 할 때 보이지 않는 영계에서 천사들과 마귀들 간에 소규모의 충돌이 있다는 것을 알고 있다. 우리는 하늘에 있는 악한 영들을 대항해서 싸우고 있다(단 10:10-14, 엡 6:10-13). 하지만 피값으로 사신 바 된 거듭난 자들, 불순종의 자녀가 아닌 예수 그리스도를 따르는 당신과 나에 관한 한 원수는 우리를 이길 권세가 전혀 없다. 우리가 주님을 대적함으로써 사탄에게 권한을 넘겨주기로 선택하지 않는 한 그렇다.

위의 내용은 우리의 삶이 언제나 순탄한 장밋빛이란 뜻일까? 아니다. 원수가 우리를 괴롭히려고 시도할 수 있을까? 그렇다. 원수가 우리를 둘러싼 보호막의 틈을 살피고 호시탐탐 부서진 울타리를 노리는 골칫거리가 될 수 있을까? 원수가 우리의 믿음을 시험할 수 있을까? 물론이다. 그렇다고 해서 이런 주제로 또 다른 책을 쓸 필요는 없으며, 욥기를 언급할 필요도 없다. 하지만 이런 사실이 그리스도께서 사탄의 정사와 권세를 십자가에서 구경거리로 만드셨다는 진리(골 2:15)를 부기력하게 만들 수는 없다. "평강의 하나님께서 속히 사탄을 너희 발 아래에서 상하게 하시리라 우리 주 예수의 은혜가 너희에게 있을지어다"(롬 16:20).

평강은 원수를 파쇄하는 무기로 사용된다. 은혜는 우리의 원수를 땅바닥으로 내리쳐 우리의 발아래서 상하게 만드는 몽둥이다. 이것이 바로 우리가 추구하는 축사 신학의 관점이다.

우리의 승리는 확실하다. 우리 주님께서 그분을 따르는 우리 안에 이미 승리하는 나라를 세우셨다. 창세기 26장 15-18절에서 아비멜렉이 아브라함의 아들 이삭이 자신보다 강하다는 것을 인정한 후, 이삭은 아버지의 우물을 다시 팠다. 나는 우리도 이 원리를 적용할 수 있다고 믿는다.

우리가 하나님께 받은 사명은 우리의 권세가 원수를 능가한다는 것을 보여 준다. 이삭은 블레셋 사람들이 했던 일들을 원상태로 되돌림으로써 자신이 그들을 능가한다는 것을 보여 주었다. 우리도 마찬가지다. 우리는 원수를 이기고 다스릴 권세를 받았다. 우리는 원수들이 죄와 질병과 분열과 죽음을 통해 막아 버린 구원(치유와 축사 등)의 우물들을 다시 파서 이것을 보여 주어야 한다.

이사야 14장은 우리가 정말 좁은 시각으로 우리의 원수를 바라보았다는 것을 알려 준다. "우리가 그토록 두려워했던 게 겨우 이거였어?" 비록 내 방식으로 바꾸어 표현한 것이긴 하지만, 이것이 본문의 의도라고 믿는다. 우리는 지옥에 있는 그 어떤 악한 영도 두려워할 이유가 전혀 없다. 우리 주님께서 모든 원수들을 우리의 발아래 두셨기 때문이다!

사탄의 파멸

요한일서 3장 8절은 이렇게 말한다. "죄를 짓는 자는 마귀에게 속하나니 마귀는 처음부터 범죄함이라 하나님의 아들이 나타나신 것은 마귀의 일을 멸하려 하심이라." 예수님은 우리를 구원하러 이 땅에 오셨다. 하지만 더 나아가 원수의 일을 멸하기 위해 오셨다. 마귀를 무장해제시키고, 패배시키고, 제압하기 위해 오셨다.

"멸하려"에 해당하는 헬라어 동사 리오^{lyo}는 신발 끈을 푸는 것처럼 '풀어 주다'라는 뜻이다. 그러나 이외에도 '(결혼 생활이 파탄나듯) 끝나다, (죄수가 석방되듯) 자유를 주다, (몸의 활동을 위축시킨) 속박에서 풀어 주다, 모임을 해산하거나 끝내다, 법안을 철회하다, 취소하다, 전복시키다, 폐지하다, 권위를 주지 않다, 불법이라고 선포하다, 탄탄한 것이나 결합된 것을 풀어 주다, 부서지다, 허물다, 논리 정연한 것을 녹여 분할하다, 파괴하다, 전복시키다' 등을 의미한다. 마태복음 16장 19절의 '풀어 주다'와 '멸하다'에 동일한 단어가 쓰인다는 것이 참으로 흥미롭다. 우리는 원수의 활동을 이길 수 있는 이 같은 열쇠들을 받았다.

보다 깊은 묵상을 위해 예수 그리스도께서 사탄과 '결혼'한 우리를 이혼하게 만드셨다는 것을 곰곰이 생각해 보라. 마귀는 처음부터 범죄했기 때문에 죄를 짓는 자가 마귀에게 속했다면, 세상 사람들이 죄의 아비와 결혼했다는 말에는 어느 정도 논리적 타당성이 있다. 그러나 우리가 예수님의 신부로 주님의 나라에 들어가면, 우리의 옛 남편과의 연결고리는 끊어지고 폐지된 것이다. 왜냐하면 그리스도께서 마귀의 일을 리오^{lyo}하셨기 때문이다.

이 놀라운 헬라어 단어와 관련된 한 가지 생각을 나누고 싶다.

그러나 주의 날이 도둑 같이 오리니 그 날에는 하늘이 큰 소리로 떠나가고 물질이 뜨거운 불에 풀어지고^{lyo: melt} 땅과 그 중에 있는 모든 일이 드러나리로다 이 모든 것이 이렇게 풀어지리니^{lyo: dissolved} 너희가 어떠한 사람이 되어야 마땅하냐 거룩한 행실과 경건함으로 하나님의 날이 임하기를 바라보고 간절히 사모하라 그 날에 하늘이 불에

타서 풀어지고 물질이 뜨거운 불에 녹아지려니와^{melt} (벧후 3:10-12)

이 본문에서 리오는 10절 초반부에 "풀어지고"^{melt}(녹아지다)와 후반부에 "풀어지리니"^{dissolved}(끝나다)라는 뜻으로 두 번 사용된다. 12절에 "녹아지려니와"의 경우, 이 단어는 '유동체로 만들다, 녹여서 멸하거나 파괴하다'라는 뜻이다. 내가 전하고 싶은 요점은 땅과 그중에 있는 모든 일이 전부 불에 타버린다(한글 성경의 '드러나리로다'를 영어 성경은 '불에 탈 것이라'로 번역함 - 역자 주)는 것이다. 이런 세상의 일들은 주의 날에 뜨거운 불에 녹아질 것이다.

주님께서 마귀의 일을 완전히 초토화하기 위해 오셨다. 그래서 우리는 그분 안에서 그리스도의 형상을 완전히 나타낼 수 있게 되었다. 그리스도께서 죽으셨을 때, 그 파멸은 완전해졌다. 하나님의 자녀를 대적하는 사탄의 영향력은 끝났고, 풀어졌으며, 녹아졌다! 나는 사탄이 승리에 대한 과대망상 상태에 빠져 있다고 확신한다. 그래서 축사 사역이 필요할 때면 그것을 언제나 이런 방식으로 다룬다.

물론 베드로전서 5장 8절 말씀을 나도 잘 알고 있다. "근신하라 깨어라 너희 대적 마귀가 우는 사자 같이 두루 다니며 삼킬 자를 찾나니." 마귀는 여전히 두루 다니며 먹잇감을 찾고 있으며, 그에게 항복하는 사람들을 노예로 만들 수 있다. 하지만 우리가 마귀에게 허락하거나 동의하지 않는 한, 그는 구속받은 우리에게 그 어떤 힘도 쓸 수 없다. 이것이 바로 베드로가 우리에게 정신을 차리고 깨어 있으라고 권면한 이유다. 크고 사악한 사자가 무섭다고 도망쳐서는 안 된다. 우리는 사자의 벌린 입 속으로 곧장 들어갈 것이 아니라 오히려 예수님께서 우리를 위해 이루신 승리를 강하게 붙잡아야 한다.

"마귀에게 틈을 주지 말라"(엡 4:27)는 말씀은 마귀에게 활동할 장소나 영향을 줄 여지를 주지 말라는 뜻이다. 사탄이 잡아먹도록 기회를 주지 말라!

예수님은 마귀의 일을 멸하러 오셨을 뿐 아니라 마귀 그 자체를 멸하러 오셨다.

> 자녀들은 혈과 육에 속하였으매 그도 또한 같은 모양으로 혈과 육을 함께 지니심은 죽음을 통하여 죽음의 세력을 잡은 자 곧 마귀를 멸하시며 또 죽기를 무서워하므로 한평생 매여 종 노릇 하는 모든 자들을 놓아 주려 하심이니 (히 2:14-15)

죽음의 공포에 눌려 한평생 종노릇하는 사람들을 주목하라. 이 본문의 핵심은 그리스도께서 우리를 놓아 주려 하실 뿐만 아니라 마귀를 멸하러 오셨다는 것이다.

> 이제는 우리 구주 그리스도 예수의 나타나심으로 말미암아 나타났으니 그는 사망을 폐하시고 복음으로써 생명과 썩지 아니할 것을 드러내신지라 (딤후 1:10)

이 구절은 그리스도께서 사망을 폐하셨다고 말한다. 그리스도께서는 죽음의 세력을 잡은 자를 멸하셨다. 예수님은 마귀를 멸하러 오셨다. 한 가지(마귀)를 멸함으로써 다른 것(죽음)까지 멸해야만 한다. 이 말을 우리 모두가 이 땅에서 영원히 살 수 있으며 결코 육신이 죽지 않을 것이라는 식으로 엉뚱하게 해석하기 전에 "폐하시고"의 헬라어 카타르게오^{katargeo}를 살펴보자.

이 헬라어는 카타^{kata}('~에 따라' 혹은 '~으로'라는 의미의 전치사)와 아르게오^{argeo}('게으른, 오래 끄는, 실직한'이란 뜻의 어근에서 파생된 '나태한, 황량한, 소극적인, 연기된'이란 의미)의 합성어다. 이 단어는 신약에서 때때로 '방해하다, 없애다, 끝내다, 멈추다, 파괴하다'로 번역된다. 그렇다 할지라도 그것이 전멸을 뜻하지는 않는다. 솔직하게 말해서, 마귀와 죽음 이 두 가지는 우리가 사는 세상에 여전히 존재한다. 그렇지 않은가?

카타르게오는 활동하고 있는 존재를 제거하는 것을 의미한다. 이것은 다시 말해서 '마비시키다'라는 뜻이다. 즉, '게으르게 만들다, 실직하게 만들다, 소극적이게 하다, 작동하지 못하게 하다, 어떤 사람이나 사물이 더 이상 영향력을 행사하지 못하게 하다, 힘과 영향력과 능력을 빼앗다, 멈추게 만들다, 끝내다, 처분하다, 법적으로 취소하다, 폐지하다, 멈추다, 사망하다, 제거하다, ~로부터 절단하다, ~로부터 분리하다, ~로부터 내보내다, 누군가로부터 풀어 주다, 누군가와의 모든 상호관계를 단절하다'를 의미한다

우리는 죄의 결과인 영적인 죽음을 말하고 있다. 즉 연약함과 아

품과 가난과 질병이다. 죽음은 그리스도로 인해 작동을 못하게 되었다. 그리스도 안에 거하는 사람들에게 마귀는 영원히 게으름에 빠진 존재가 되었다(잠시 후 우리는 그리스도 안에 거하기 위한 몇 가지 열쇠들을 살펴볼 것이다).

이제 한 가지 예를 살펴보자. 베드로전서 2장 24절은 "그가 채찍에 맞음으로 우리가 나았다"고 말한다. 이것은 과거 시제다. '나았다'는 것은 끝났고, 이미 마쳤고, 벌써 일어났다는 뜻이다. 하시만 우리는 여전히 병들 수 있고, 질병의 여러 증상들을 경험하고 있지 않은가? 왜 그럴까? 그 이유는 질병과 죽음이 완전히 전멸되지 않았기 때문이다. 그러나 십자가에서 이룬 그리스도의 승리를 적용함으로써 우리는 질병과 죽음의 영향력을 작동하지 못하게 하고, 위축되게 하며, 마비시킬 수 있다.

이제 우리가 해야 할 일이 있다. 그것은 바로 마귀를 실직하게 만드는 것이다. 영적인 죽음과 그 결과들이 더 이상 우리에게 효과를 발휘하지 못하도록 하는 것이다.

> 내가 이것을 말하노니 하나님께서 미리 정하신 언약을 사백삼십 년 후에 생긴 율법이 폐기하지 못하고 그 약속을 헛되게 하지 못하리라 … 율법 안에서 의롭다 함을 얻으려 하는 너희는 그리스도에게서 끊어지고 은혜에서 떨어진 자로다 (갈 3:17, 5:4)

공개적인 구경거리

여기서 다시 골로새서 2장 15절로 돌아가 보자. "통치자들과 권세들을 무력화하여 드러내어 구경거리로 삼으시고 십자가로 그들을 이기셨느니라."

창세기 3장에서 하나님은 사람에게 저주를 선포하셨다. "네가 흙으로 돌아갈 때까지 얼굴에 땀을 흘려야 먹을 것을 먹으리니 네가 그것에서 취함을 입었음이라 너는 흙dust이니 흙dust으로 돌아갈 것이니라 하시니라"(19절). 우리는 흙먼지dust다. 죽은 피부 세포들이 떨어져 나가 공중에 흩날리는 것, 그것이 바로 먼지다.

14절에서 하나님은 뱀(마귀)을 저주하신다. "네가 이렇게 하였으니 네가 모든 가축과 들의 모든 짐승보다 더욱 저주를 받아 배로 다니고 살아 있는 동안 흙dust을 먹을지니라." 마귀는 무엇을 먹는가? 흙먼지다. 다름 아닌 우리를 먹는다. 죄의 저주로 인해 죽은 우리의 육체를 먹는다.

이어서 15절을 읽어 보자. "내가 너로 여자와 원수가 되게 하고 네 후손도 여자의 후손과 원수가 되게 하리니 여자의 후손Seed은 네 머리를 상하게 할 것이요 너는 그의 발꿈치를 상하게 할 것이니라." 뉴킹제임스역은 '후손'Seed을 대문자로 표기한다. 그 단어가 그리스도를 지칭하기 때문이다.

어쩌면 당신은 로마 시대에 황제가 적을 물리쳤을 때, 패잔병들이 벌거벗겨진 채 당나귀 등 뒤에 묶여 백성들이 보는 앞에서 시가행진을 했다는 이야기를 들어 본 적이 있을 것이다. 이것이 바로 승리Triumph였다. 이 단어의 어근 파간pagan은 술과 향락의 신 바쿠스(그리스 신화의 주신[酒神])에게 시끄러운 노래로 찬양하는 것을 의미한다. 이 단어는 또한 트럼프 카드Trump Card와 트럼펫Trumpet의 어근이기도 하다. 로마인들은 패배한 적을 데리고 요란법석을 떨며 행진하도록 했다. 정복당한 적을 공개적인 구경거리로 만들었던 것이다.

예수님께서 십자가에서 죽으셨을 때, 사탄으로부터 승리triumph하셨다. 사탄이 그분의 발꿈치(그의 육신)를 상하게 했을 때, 그리스도는 사탄의 머리를 깨뜨리셨다. 머리가 으스러진 뱀은 흙먼지(우리의 육신)를 먹을 수단이 불구가 되었기 때문에 더 이상 먹거나 공격할 수 없다. 이것이 바로 이 책의 주제다. 우리는 뱀이 살지 못하는 높은 곳에서 살 수 있다(이것에 대해서는 나중에 자세히 설명할 것이다).

우리는 참신한 통찰력과 새로운 관점으로 십자가를 바라볼 필요가 있다. 아버지 하나님은 그리스도를 죽음 안에 있는 승리자로 보셨다! 성부께서는 십자가를 예수님이 아닌 사탄이 패배한 곳으로 보셨다. 예수님께서 원수의 정사와 권세를 이기신 곳이 바로 그 안에(십자가) 있다. 주목하라. 승리의 장소는 부활이 아닌 그분의 죽음이다!

그리스도의 부활은 그분의 승리가 모든 것을 포괄하고 종합했음을 보여 준다. 바울은 다음과 같이 말한다. "성결의 영으로는 죽은 자들 가운데서 부활하사 능력으로 하나님의 아들로 선포되셨으니 곧 우리 주 예수 그리스도시니라"(롬 1:4). "능력으로"라는 표현은 예수님께서 어떻게 원수의 머리를 내리쳐 뱀의 송곳니를 부러뜨리셨는지 잘 보여 준다.

여기 당신과 나를 위한 아주 소중한 진리가 있다. 예수님께서 죽은 자 가운데서 부활하신 이후 그분의 승리triumph를 다름 아닌 우리에게 넘겨주셨다! "그러나 이 모든 일에 우리를 사랑하시는 이로 말미암아 우리가 넉넉히 이기느니라"(롬 8:37). "넉넉히 이기느니라"에는 헬라어 히페르니카오hypernikao라는 복합 단어가 등장한다. 영어로 하이퍼hyper라고 하면 보통 활동 과잉, 과장법, 카페인 과다를 떠올릴 것이다. 헬라어 히페르hyper는 '~위에, ~너머, 극히, 풍성하게, 아주 높이, 그 이상의'라는 뜻의 전치사다.

두 번째 단어 니카오nikao의 어근은 영어로 나이키nike다. 당신도 알다시피 이것은 유명한 운동화 상표인데, 헬라어로는 니케로 발음한다. 헬라어 니케에서 승리라는 단어를 가져 왔다. 그것은 로마 시대에 빅토리아Victoria로 불리던 승리의 여신의 이름이었다. 미국에서 흔히 쓰는 니콜라스Nicholas와 베로니카Veronica라는 이름도 이 단어에서 파생된 것이다. 그리스의 올림픽에서 우승한 사람은 올리브 가지를 받았고 히페르니카오, 즉 모든 경쟁 선수들 가운데 최고, 넉넉히 이긴 자, 최고의 선수로 선포되었다.

이 승리자가 바로 우리다. 우리는 이 전쟁(전면전)에서 싸울 필요가 없다. 다만 그리스도께서 이미 이루신 승리를 실행하기 위해 소규모 접전을 펼칠 뿐이다. 우리가 승리자로서 전장에 나간다는 것을 철저하게 깨달아야 한다. 우리는 이미 거뜬히 이기는 승리자들hyper-nikes이다.

두 개의 군대가 넓은 평원에서 충돌하는 모습을 그려 보라. 비록 한쪽 군대가 다른 쪽 군대를 무참히 섬멸해서 완벽한 승리가 확실하다 할지라도, 선생터 외곽 경계지역 나무들 사이에 남아 있는 패잔병들과 싸움을 치러야 한다. 우리는 이미 패했음에도 불구하고 여전히 이길 기회가 있다고 착각하는 적군의 남은 병사들과 싸우는 사람과 같다. 말하자면, 우리는 소탕 작전 중이다.

당신도 알다시피, 그리스도 안에서 승리를 경험하고 있는 사람들이 있다. 우리는 주님 안에서 한결같은 승리의 삶을 살게 되어 있다. 우리는 날마다 기도 응답을 받고 내적 평강을 누리는 삶을 살도록 되어 있다. 그런데 우리는 이 땅을 살아가는 동안 일시적인 차질들, 곧 간헐적인 실패로 고통을 겪는다. 그 이유는 우리가 아직 그리스도 안에서 완전하지 않기 때문이다. 하지만 그것은 보기 드문 예외일 뿐 일반적인 것은 아니다. 그것이 우리가 모든 영역에서 승리하는 삶을 살기 원하신다는 주님의 말씀을 무효화할 수는 없다. 이것이 바로 이 책의 중요한 특성이다.

넉넉히 이기는 자, 이것이 바로 우리의 올바른 위치라는 것을 깨닫도록 돕는 것이 이 책의 목표다. 주님께서 우리에게 그분의 감람나

무 가지를 넘기셨다. 따라서 우리는 모든 적을 이기는 자로서 당당히 살아야만 한다. 예수님은 이미 패배한 적을 거뜬히 이길 수 있는 권리를 행사하도록 우리에게 하나님 나라의 열쇠들을 양도하셨다.

다른 결과물은 있을 수 없다. 우리에게 다른 선택은 없다. 오직 승리뿐이다. "항상 우리를 그리스도 안에서 승리로 인도하시는(이기게 하시는) 하나님께 감사하노라"(고후 2:14). 때때로가 아니라 '항상'이다. 승리로 인도하신다는 것은 그리스도 안에 우리를 위한 멋진 승리가 있다는 것을 말한다. 심지어 우리가 직접 전쟁을 치르지 않았을지라도 말이다. 그것은 마치 우리는 고대 시대의 황제가 되고, 예수님은 우리의 총사령관이 되시는 것과 같다. 그분은 우리를 위해 나가 싸우셨고, 패배한 원수를 우리의 발 앞에 두셨다. 우리는 싸울 필요가 없다. 우리 주님께서 우리를 위해 승리하셨다!

사탄이 이미 패배했다는 사실을 믿기 위해 그가 하나님의 최후 법정에 설 때까지 기다리지 말자. 나는 마지막 심판 날 사탄을 자세히 살펴볼 사람들을 그려 본다. 그때 그들이 거짓을 믿은 결과 사탄을 두려워하고 패배의 삶을 산 것에 대해 화가 날 것이라고 확신한다. 머리가 깨진 채 쉭쉭 거리는 뱀에게 속은 그들은 뒤늦게 자신이 속았다는 사실을 깨닫고 부끄러움을 느낄 것이다. 나는 사람들이 마귀에 대해 확대해석하거나 과장하는 말에 질려 버렸다. 마귀가 그들을 얼마나 어리석게 볼까?

"우리가 천사를 판단할 것을 너희가 알지 못하느냐"(고전 6:3). 이 진리를 받아들이는 사람들은 하늘의 큰 상을 받을 것이다. 그들은 "만일 내가 끼어든다면, 실망과 파멸과 비탄한 처지에 빠지고 말거야"라고 말하는 불신의 영에 속아 위축되지 않는다. 더 이상 거짓을 믿지 말자. 마귀가 문제가 아니다. 우리는 반드시 더 높은 곳을 바라봐야 한다. 당신이 싸우고 있는 원수는 당신보다 월등히 위대한 주님에 의해 이미 그리고 영원히 패했다!

지존자의 은밀한 곳에 거주하며 전능자의 그늘 아래에 사는 자여, 나는 여호와를 향하여 말하기를 그는 나의 피난처요 나의 요새요 내가 의뢰하는 하나님이라 하리니 (시 91:1-2)

그리스도 안에 감춰진 곳

Chapter 2

Chapter 2

시편 91편은 이 책의 열쇠가 되는 말씀이다. 누구나 알고 있고 널리 사랑받는 시편 중 하나인 이 시는 많은 사람들이 암송하고 있다. 사람들은 종종 이것을 모든 성경 가운데 가장 희망과 위로를 주는 본문으로 인용한다. 스펄전은 《다윗의 보화》The Treasury of David에서 다음과 같이 말했다. "한 독일 의사는 콜레라가 창궐하는 시대에 시편 91편을 최고의 방부제라고 말하곤 했습니다. 사실 이 시는 전염병과 흑사병을 이기는 하늘의 양약입니다. 비록 다시 한 번 런던이 나병원이 되고 무덤이 시체로 가득하게 될지라도, 이 시의 영으로 살 수 있는 사람은 두려움이 없을 것입니다."

이 시의 저자는 정확히 알 수 없지만, 다윗이나 모세일 가능성이 높다. 아마도 후자일 것 같다. 이 사랑스런 시의 의도와 메시지는 하나님의 본성에 관한 몇 가지 깊은 진리들을 뒷받침해 주고, 우리가 그분과 소통할 수 있는 방법을 알려 준다. 성경은 하나님을 분별할 수 있도록 우리에게 주신 메시지다. 그런 면에서 시편 91편은 모든 말씀 가운데 가장 분명한 가르침을 주는 말씀 중 하나다. 따라서 나는 이 시가 예수님의 현대적 축사 사역을 담고 있는 이 책에 매우 적합하다고 생각한다. 원수가 침노하지 못하는 높은 곳에서 승리하는 삶을 살기 위해 잠시 시간을 내어 시편 91편을 연구하자.

스네이크 라인(원수가 침노하지 못하는 경계선) 너머

먼저 원수가 침노하지 못하는 높은 곳에 사는 것Living above the Snake Line의 의미를 규정해 보자. 이 표현은 나만의 전유물이 아니다. 이 말을 내게 처음 한 사람은 나의 제부인 데이빗 알소브룩이다. 스네이크 라인Snake Line(원수가 침노하지 못하는 경계선 - 역자 주)을 처음 연구하기 시작했을 때, 나는 다른 신학적 가르침들이 이와 비슷한 개념으로 사용되고 있다는 것을 알게 되었다. 따라서 그 표현의 기원을 찾는 것은 불가능하다고 생각한다. 하지만 자연계의 관점으로 본다면, 고대 전통 가운데 발견할 수 있는 일반적인 개념이 있다. 바로 해수면으로부터 출발해서 특정한 고도를 넘어서면 독을 품은 뱀들이 살지 못한다는 것이다. 아주 극소수의 예외를 제외하고 이 말은 사실이다. 당신에게도 이처럼 입증되지 않은 증거가 분명히 있을 것이다.

나는 캘리포니아 주 아이딜와일드라 불리는 휴양지에서 자랐다. 그 지역에서 가장 높은 지점인 샌 하신토 피크는 해발 3,352미터보다 낮았다. 그래도 그곳은 그 지역에서 상당히 높은 편이었다. 삼림한계선tree line은 지정학적으로 다양하다. 미국의 경우 약간의 차이는 있을지 몰라도, 대부분 해발 3,048미터(10,000피트) 권역이다. 그 고도 이상은 추위나 수분 부족으로 인해 수목이 군락을 이루지 못하는데, 이것이 삼림한계선이다. 바로 그 고도에 스네이크 라인이 존재한다.

내 고향에는 해발 1,646미터의 마일 하이 아이딜와일드Mile High Idyllwild가 있다. 청소년 시절, 나는 등산을 하다가 한두 차례 방울뱀들이 흉측한 생물들과 싸우는 장면을 본 적이 있다. 하지만 삼림한계선에서는 단 한 번도 뱀을 본적이 없고, 그곳에 사는 사람들 가운데 뱀을 보았다고 말하는 사람을 만난 적도 없다. 내가 아는 한, 산 정상에는 독이 있는 뱀은 단 한 마리도 없다.

이것을 어떻게 해석할 수 있을까? 나는 주님과 동행하는 동안 독사와 으르렁대는 사자들, 곧 마귀와 그의 졸개들이 감히 범접할 수 없는 곳에 우리가 이를 수 있다고 믿는다. 그곳은 우리가 그리스도 안에 감춰져 있기 때문에(골 3:3) 마귀의 교활한 책략으로부터 실제적인 보호를 받을 수 있는 곳이다. 새 사냥꾼의 덫이 우리를 잡을 수 없고, 위험한 전염병(즉, 단순히 곡물을 망치는 것뿐만 아니라 급속히 확산되는 죽음의 질병들)이 우리를 해칠 수 없으며, 원수의 화살이 우리를 맞출 수 없고, 그 어떤 밤의 공포도 우리에게 침범할 수 없다. 전혀 건드릴 수 없다. 문자 그대로 믿음으로 말미암아 하나님의 능력으로 보호하심을 받는 것이다(벧전 1:5).

예수 그리스도의 현대적 축사 사역은 단순히 귀신만 쫓아내는 것이 아니다. 사자와 뱀이 우리를 찾을 수 없는 곳, 바로 주님 안에 감춰진 곳으로 인도하는 것은 귀신을 쫓아내는 것만큼 중요하다.

이 책의 목표는 예수님 안에 있는 그곳으로 갈 수 있는 방법에 대한 통찰을 제공하는 것이다. 나는 분명히 거기에 도달하지 못했고, 내가 아는 극소수의 사람만이 그런 차원에 도달했다. 하지만 이것이 우리가 스네이크 라인 너머에서 살 수 있다는 진리의 법칙을 무력화하지는 못한다. 바울처럼 나는 푯대를 향하여 그리스도 예수 안에서 하나님이 위에서 부르신 부름의 상을 위하여 달려가고 싶다(빌 3:14).

하나님의 은혜로 어쩌면 이 책이 우리를 결승선 혹은 스네이크 라인 너머에 이르도록 도와줄 수 있을 것이다.

은밀한 곳에 거하기

다시 시편 91편으로 돌아가자. 우리는 지금껏 '은밀한 곳'에 관한 가르침을 수차례 들었다. 이것은 단순히 추상적인 개념이 아니다. 어떤 가르침은 우리를 더 나은 양질의 삶으로 인도한다. 하지만 이것은 오직 영적으로 인식할 수 있는 특정 장소이다. 천국과 지옥이 이성적인 개념이 아닌 실제적인 장소이듯, 은밀한 곳은 존재의 실제적인 상태다.

핵심은 우리가 하나님과 동행하는 동안, 이 시편의 나머지 부분에 기록된 모든 약속들을 우리의 분복으로 제공해 주는 그 처소에 거할 수 있다는 것이다. 은밀한 곳의 철저하고 완벽한 보호를 받기 위해서는 우리가 그곳에 머물러야 한다. 우리는 그곳을 떠날 수 없다. 우리가 그 산을 내려가면, 뱀과 사자를 직면하게 될 것이다. 하지만 지존자의 은밀한 곳에 거하며 산다면, 누구도 우리를 해칠 수 없으며 우리는 난공불락의 존재가 된다.

'거하다'의 히브리적 의미는 대부분의 경우 '앉다'라는 뜻으로, 누워서 잠잠히 기다린다는 개념이다. 여기에는 '숨다'라는 뜻도 있는데, 그것은 '어떤 한 장소에 거처를 두다, 그 지역에서 지체하다, 특정 장소에 정착해서 그곳에 무기한적으로 머물며 거주지를 만들어 계속 생활하다'라는 뜻이다. 이 단어는 일시적인 것이 아닌 영원한 거주를 말한다. '잠잠히'라는 단어는 종종 '조용히 앉다, 잠잠히 지체하다, 가만히 있다, 고요히 머물다'로 번역된다. 이것은 '돌아다니다'의 반대말이다.

히브리어로 은밀한 곳은 사뭇 흥미로운 단어다. 때때로 이 단어는 문자적 혹은 상징적으로 '덮다' 혹은 '덮는 것'으로 번역된다. 그것은 피난처, 위험으로부터 보호하는 장소라는 뜻이다. 부정적으로 함축된 의미로는 욥기에서 얼굴을 '변장하다'로 번역했고, 시편 101편에서는 '(다른 사람이 없는 곳에서) 남몰래'라는 뜻으로 한 번 사용되었으며, 잠언에서는 '험담하는 혀' 곧 '몰래 수근거리며 말하다'라는 뜻으로 한 번 쓰였다.

은밀한 곳의 개념은 은신처라는 뜻이다. 이 단어의 어원은 '몰래 감추다, 덮다, 덮어 감추다, 계속 닫혀 있다, 부재 중이다, 위험한 곳에 있지 않다'라는 뜻이지만, 다른 곳에서는 '보이지 않도록 철저하게 보호하며 인봉하다'라는 의미로 쓰이기도 한다.

이 본문에서 거한다는 말에는 '영원히 머물다'라는 뜻이 내포되어 있다. 정말 흥미로운 것은 이 단어의 어원이 '끈질기게 고집이 세다'라는 것이다. 다시 말해서 '고집불통의, 완강한'이라는 뜻이다. 그런 면에서 때때로 이 단어는 부정적인 상황에서 '궁시렁거리다'로 번역한다. 즉, '완고하게 불평하다, 투덜거리다, 원한을 품다'라는 뜻을 내포한다. 시편 91편에서는 자리 잡은 곳에서 '황소고집으로 완강하게 버티다, 요지부동하게 머물다, 외곬으로 요동하지 않다, 영원히 거주하다'라는 뜻으로 쓰였다. 이것을 현대적으로 설명하자면 견고하게 뿌리를 내린다는 말이다.

그늘의 히브리적 의미는 '가라앉거나 잠수하다' 혹은 '어두워지거나 불투명해지다'라는 뜻이다. 이 경우 불투명하다는 것은 '불침투성의, 통과할 수 없는, 견고한, 불분명하고 짙은'이란 말로, '투명한'의 반대말이다. 그것은 또한 '땅거미가 진, 그늘이 드리우다'라는 의미로 지극히 높으신 분 The Most High(한글 성경은 지존자로 번역했다 - 역자 주)께서 그분의 그늘로 우리를 덮으셨다는 뜻이다. 우리는 그분의 위대한 그늘에 의해 삼킨 바 되었다. 따라서 그 무엇도 우리를 감지할 수 없는 이유는 그분이 우리를 완전히 감추셨기 때문이다. 이 단어는 '그늘을 만들기 위해 어떤 이미지를 사물 위에 드리우다'라는 뜻을 가진 다른 히브리어 단어와 비교할 수도 있다.

당신은 시편 91편의 첫 구절 안에 이 모든 내용이 들어 있다는 사실을 믿을 수 있는가? 그것이 바로 이 시가 굉장한 잠재력을 가진 하나님의 말씀인 이유다. "지존자의 은밀한 곳에 거주하며 전능자의 그늘 아래에 사는 자여."

여기서 전능자라는 단어는 명백히 신성을 뜻한다. 이 단어 엘샤다이El-Shaddai는 '가장 큰 능력의 하나님'이란 뜻이다. 흥미롭게도 이 단어의 어원은 '건장하다'라는 말로, 수동적으로는 '무적의 힘을 가진', 능동적으로는 '완전히 파괴하다, 파멸하다, 약탈하다, 거칠게 공격해서 초토화하다'라는 뜻을 함축하고 있다. 여기에서 핵심은 이것이다. 우리는 그분의 길 앞에 놓인 모든 것, 심지어 사자와 뱀의 역사들까지도 능히 짓밟아 파멸시킬 능력을 가지신 전능자의 그늘 아래 살게 되어 있다는 것이다.

우리는 그저 평범한 사람의 앞치마 끈이나 붙잡고 늘어져 있는 것이 아니다. 우리 위로 펼쳐진 하늘을 가득 채운 짙고 광활한 주님의 그늘은 우리를 해하려는 자들의 모든 활동을 친히 초토화할 그분의 능력을 보여 준다.

우리가 그분의 거대하고 전능한 날개 아래를 피난처로 삼을 때, 부드러운 주의 깃으로 덮임을 받은 우리의 모습을 아름답게 묘사하는 것은 1절과 병치를 이룬다. "그의 날개 아래"(4절)는 하나님의 임재가 우리를 보호하신다는 뜻이다. 그것은 우리를 완벽하게 덮어 주는 보이지 않는 힘의 장a force field이자 보호막이다.

스펄전의 말을 다시 빌리자면, 전능하신 하나님을 한 마리의 새로 비유하는 것은 거의 신성모독에 가깝기 때문에 그는 그것을 다른 근원에서 오는 초월적 겸손이라고 불렀다. 그럼에도 불구하고 여전히 성령의 감동을 받은 시편의 기자는 하나님의 진실함 곧 그분의 확고함, 안정성, 신실함, 확실함, 신뢰성이 우리의 방패와 손방패가 된다는 표현을 사용한다.

이것은 두 가지를 말한다. 여기서 방패의 어원은 '가시나 낚시 바늘의 미늘, 갈고리, 선인장 울타리처럼 가시로 뒤덮인'이란 뜻이다. 혹은 매서운 눈보라로 인한 살을 에는 듯한 추위나 냉장의 의미를 가지고 있으며, 온몸을 가릴 수 있는 커다란 방패를 묘사한다. 한편 '손방패'로 번역한 히브리어는 성경에 단 한 번 이곳에 쓰인 단어로 똑같이 방패라는 뜻이지만, 탑이나 요새처럼 둥근 모양의 방어용 무기라는 개념을 가지고 있다. 이 단어의 어원은 '둥글게 돌다'라는 뜻으로, 상인들이 물품을 이곳저곳에 무역하는 교통로를 표현하는 데 사용하였다. 따라서 이 단어는 전방위적으로 완전한 보호를 받는 것을 함축한다. 그것도 하나의 방어무기가 아닌 두 가지다! 갑절의 보호즉, 완벽하게 막아 준다는 뜻이다.

밤이든 낮이든, 캄캄할 때나 눈부신 정오나 언제든 보호를 받는 이유는 전능자의 그늘이 전방위적으로 둘러싸고 있기 때문이다. 동서로 쉼 없이 운행하는 태양도 측정 불가한 하나님의 그늘을 절대로 제거할 수 없다. 그의 날개 아래 거하지 않는 사람은 누구라도 공포와 질병과 날아다니는 무기들과 파멸 앞에 굴복하게 된다. 하지만 천천만만이 쓰러질지라도, 우리는 쓰러지지 않는다. 그분 안에 감춰져 있기 때문에 그 무엇도 우리를 건드릴 수 없다.

> 너를 치려고 제조된 모든 연장이 쓸모가 없을 것이라 일어나 너를 대적하여 송사하는 모든 혀는 네게 정죄를 당하리니 이는 여호와의 종들의 기업이요 이는 그들이 내게서 얻은 공의니라 여호와의 말씀이니라 (사 54:17)

"밤에 찾아오는 공포"(5절)는 우리가 인식하지 못하는 순간에 우리를 붙잡으려고 하는 은밀한 침투를 말한다. 우리가 단잠을 잘 수 있는 이유는 주님께서 밤새도록 우리를 지켜 주신다는 것을 알기 때문이다. 그분은 결코 졸지도 않으시고, 원수의 은밀한 작전에 대한 경계를 절대 풀지 않으신다. 우리가 곤하게 자고 있을지라도 절대 피곤을 모르는 그분의 눈이 우리를 지켜보고 계시며, 우리에게 다시금 새 힘을 불어넣어 주신다.

네가 누울 때에 두려워하지 아니하겠고 네가 누운즉 네 잠이 달리로다 (잠 3:24)

이는 내가 그 피곤한 심령을 상쾌하게 하며 모든 연약한 심령을 만족하게 하였음이라 하시기로 내가 깨어 보니 내 잠이 달았더라 (렘 31:25-26)

"낮에 날아드는 화살"(5절)이란 표현은 우리의 일상적인 삶, 즉 일터와 가정에서, 자녀를 돌볼 때, 식료품점에서 물건을 살 때, 샤워할 때, 전화 통화를 할 때, 차 안에 머물 때, 우리를 공격하려는 원수의 '로켓탄 공격'을 말한다. 이러한 순간들조차 주님이 숨어서 원수의 공격을 허용하지 않으실 것이다. 하나님은 원수를 아주 멀리 두시고 범접하지 못하게 하신다. 원수가 유일하게 의지하는 것은 우리를 향해 미사일을 쏘는 것뿐이다. 설사 그렇게 할지라도 우리가 그분 안에 거하기 때문에 원수가 쏜 화살들은 명중하지 못하고 무기력하게 땅에 떨어지고 만다.

심지어 우리는 매일 만나는 사람들과의 관계 속에 침투한 원수의 공격의 파편들로부터 보호를 받는다. 안타깝게도 주님 안에 거하지 않는 사람들은 원수의 부비트랩booby trap(은폐된 폭발물)에 걸리고 만다. 그러나 천천만만이 그런 영향을 받을지라도 그 재앙이 우리에게 가까이하지 못한다(7절). 이것은 우리를 막아 주는 초자연적인 방패를 말한다. "어두울 때 퍼지는 전염병"(6절)이 인간 사회의 어두운 곳을 강타할지라도(신학자들은 이것을 전염병 또는 세균전과 동일시한다) 우리는 보호를 받는다.

신학자들은 "밝을 때 닥쳐오는 재앙"(6절)을 세계적인 차원의 재앙으로, 단 한 번에 만 명을 쓰러뜨릴 수 있을 정도의 파괴력이라고 말한다. 아마도 핵폭발로 인한 방사능 낙진과 유사한 것으로 본다. 우리가 그분 안에서 받는 보호는 너무도 완벽하기 때문에 원자폭탄의 공격조차 전혀 두려워할 필요가 없다.

우리가 그분 안에 거하기만 하면, 원수의 덫과 계략으로부터 철저히 보호받을 수 있다. 시편 91편 3절의 "새 사냥꾼의 올무"는 실제적인 것이다.

"피난처"(9절)는 폭풍을 피할 은신처이자 거짓을 피할 곳이다. 따라서 당신은 거짓에 빠지거나 속임으로부터 보호를 받는다. 이 단어의 어원은 '보호받기 위해 도망치다'이며, 당신을 돌봐주실 분 즉, 당신을 보호해 줄 그분을 신뢰하고 바란다는 뜻이다. 거처 혹은 처소란 집, 은신처, 소굴, 휴식처, 병원을 말한다. 구약에 단 한 번 사용된 이 단어의 어원은 '결혼 생활의 의무, 남편과 아내가 함께 동거하는 것, 부부간의 권리, 노골적으로 말하다'라는 뜻이다.

하나님께서 친히 우리의 위대한 왕과 남편이 되셔서 그의 종들 곧 일부가 아닌 모든 천군·천사들을 동원하여 우리를 세심하게 돌보시고 완벽하게 보호하신다! 주님이 우리와 함께 팔짱을 끼고 동행하며 인도하시기 때문에 우리는 발을 헛디뎌 넘어지지 않는다. 그렇다. 그래서 털끝 하나 다치지 않는다! 그것은 매우 세심한 돌보심이다.

하나님은 우리를 그렇게까지 지키신다. 심지어 유행하는 무서운 전염병들, 곧 전신을 사로잡는 육체의 질병들까지도 우리의 장막에 범접할 수 없을 것이다(10절). 여기서 사용된 히브리어는 질병의 증상들을 함축하는데, 다른 곳에서는 '종기, 뇌졸증, 상처, 줄무늬'로 번역했다.

우리의 집은 유행하는 질병으로 인한 고통으로부터 자유롭고 안전하다. 우리가 전능자의 그늘 아래 거하면, 우리가 살고 있는 물리적 장소(문자 그대로, 우리의 장막)는 피난처가 되고, 어떤 화도 우리에게 미치지 못할 것이다(10절).

"화"evil란 단어는 고통, 나쁜 짓, 문제들, 사악함, 불행, 처참함, 해로움, 슬픔, 악성 종양, 괴로움, 적의, 상처, 참담함, 잘못됨, 분통, 잔병치레를 포함한다.

"미치지"란 단어는 고뇌에 찬 사람과 관련해서 '한숨을 내쉬다, 신음하다, 애곡하다, 슬퍼하다'라는 의미와 연결되어 있다. 우리는 우리가 처한 곤경 때문에 비통함에 빠지지 않고, 오히려 그것을 밟고 일어설 것이다.

'밟다'(13절)의 어원적 의미는 '행진하다, 짓밟다'라는 뜻이다. 예레미야 51장 33절에서는 단 한 번 이 단어를 '타작하다'라는 뜻으로 번역했다. 흥미로운 점은 이 단어를 '활에 시위를 메우다'라는 뜻으로 사용한다는 것이다. 그 이유는 궁수가 시위를 메우기 위해 활을 밟아서 구부리기 때문이다. 따라서 궁수들이 걸어가 활에 시위를 당기듯 사자와 독사를 밟는 것은 일종의 무술적 행동이다.

"사자"와 "젊은 사자"(13절)는 다른 번역이 필요 없을 것 같다. 사자는 포효하는 무언가를 뜻하는데, 그 의미는 깊다. 신학자들은 첫 번째 사자를 유다의 사자의 모조품으로 본다. 마귀는 자신의 능력보다 더 힘 있는 것처럼 과장하지만, 실상은 그렇지 못하다. 우리는 베드로전서 5장 8절에 묘사된 우는 사자 같은 마귀를 짓밟을 것이다.

젊은 사자(어원적 의미는 털이 많은 갈기 같은 것으로 '덮여진' 혹은 '천막을 친'이란 뜻으로, 속죄나 대속을 통해 죄를 덮는 개념이다)는 젖을 뗀 후 사냥하는 법을 터득한 젊은 사자를 말한다. 부가적으로 이 단어는 사방이 벽으로 둘러싸여 있기 때문에 안전하고 보호를 받는 마을을 뜻한다. 그러므로 이것은 우리가 모든 벽을 무너뜨릴 수 있다는 것을 분명히 보여 준다.

킹제임스역에 표현된 코브라 혹은 살모사(한글 성경은 뱀으로 번역 - 역자 주)는 분명 독을 품은 뱀이지만, 이 단어의 어원은 보통의 뱀이 하듯 '뒤틀다 혹은 주위를 휘어 감다'라는 뜻이다. 킹제임스역은 뱀을 용으로 번역한다. 때때로 자칼이나 고래로 번역되는 이 단어는 바다 괴물을 뜻하며, 어쩌면 플레시오사우르스(사경룡)일 수도 있다. 그 어원은 가늘고 긴 물체를 뜻하기도 하고, 무언가 기이한 형태를 함축하고 있다. 다시 말해서, 해양 깊은 곳에 있는 괴물 혹은 늑대 같은 들개의 일종이란 뜻이다. 이것은 독이 없는 평범한 뱀이 아니라 뭔가 더욱 흉측한 것을 말하고 있다.

그럼에도 불구하고 이 모든 역겨운 것들은 우리의 발아래 짓밟히고 말 것이다. 이 단어는 토기장이가 발로 토기를 밟는 데서 유래한다. 즉 '짓밟아 으깨다'라는 뜻으로, 누군가 다른 사람을 자신의 발아래 붙잡아 둠으로 제압한다는 의미다. 여기에서 핵심은 이 모든 괴상한 것들이 우리를 압제하고 괴롭혀서는 안 된다는 것이다. 오히려 우리가 그것을 발로 밟고 통치해야만 한다.

우리가 원수들을 진압하고 통제하며 사는 것이 가능한 이유는 무엇일까? 그것은 바로 우리의 사랑을 주님께 고정했기 때문이다. 이 표현이 가장 적합한 이유는 우리가 하나님과 연합했기 때문이다. 우리가 그분께 바짝 붙어 떨어지지 않고 아주 가까이 있는 것을 기뻐하기 때문에 하나님께서 우리를 건지실 것이다.

14절의 '건지다'는 '시선을 끌지 않고 조용히 떠나다'라는 뜻이다. 그것은 '부드러운, 매끄럽게 윤기가 나는'이란 의미로, 동물이 새끼를 낳거나 태에서 부드럽게 나오는 것을 말한다.

우리 주님은 우리를 높이실 것이다. 다시 말해서, 그분은 우리를 데리고 지극히 높은 곳으로 가신다. 따라서 우리는 누구도 범접하기 어려운 높이에 있어서 접근할 수도 없으며, 사로잡힐 수도 없다.

15절에 두 번째 사용된 '건지다'는 처음 사용된 단어와 다르다. 이것은 '서서히 움직이다, 제거하다, 물러나다'라는 뜻이지만, '전쟁을 준비하다, 군인들을 무장시키다'라는 의미도 있다. 이사야 58장

11절^{KJV}은 이것을 "네 뼈를 살지게 하며"로 번역했다. 왜냐하면 하나님께서 우리를 존귀하게 하신다는 말은 우리를 무겁게 하신다는 뜻이기 때문이다. 감사하게도 이 말씀은 물리적으로 무겁다는 뜻은 아니다! 즉, 존재와 가치의 무게를 말한다.

주님은 장수함으로 우리를 만족하게 하며 그의 구원을 우리에게 보이시겠다고 약속하신다. 이 단어 예슈아^{yeshua}의 어원에 적합한 의미는 '넓게 열린, 광활한, 자유로운'이며, 상징적으로는 '풍성하게 충분한'이란 뜻이다. 이것은 또한 '구출받은, 보존된, 보호를 받은, 건진, 자유롭게 된, 구조를 받은'이란 뜻만 아니라 '승리를 거두어 복수하다'를 의미한다.

16절 안에 이 모든 것이 다 들어 있다니! 이것이 바로 스네이크 라인 너머에 산다는 말의 진정한 의미다! 이제 우리가 어떻게 이 은밀한 곳에 이를 수 있는지 살펴보자. 열쇠가 되는 단어는 구원^{deliverance}(귀신을 쫓아내 자유를 주는 축사로도 번역한다 – 역자 주)이다.

그 길을 따라 걸으라

이것은 조니 캐쉬(1960대 미국의 유명한 가수이자 작곡가)의 노래 가사가 아니다. 나는 지금 '그 길^{Line}을 따라 걷는 것'이 생명 길에 있는 것임을 말하는 것이다. 구원(축사)은 끊임없이 이어지는 일종의 과정이며, 개인의 존재의 모든 면 곧 영과 혼과 육을 포함한다. 예수 그리스도의 현대적 축사 deliverance(구원) 사역은 우리가 거듭나는 순간에 단회적으로 일어나는 것이 아니다. 오히려 그것은 삶의 긴 여정의 출발점으로, 우리를 그 길에서 벗어나게 만드는 것들로부터 지켜 준다. 축사는 단순히 사탄의 영향을 받은 더러운 영들과의 싸움만 아니라 우리가 아주 빈번하게 범하는 죄와 이미 패배한 우리의 적보다 더욱 강력한 원수인 자아로부터 해방되는 것을 포함한다.

> 이러므로 우리에게 구름 같이 둘러싼 허다한 증인들이 있으니 모든 무거운 것과 얽매이기 쉬운 죄를 벗어 버리고 인내로써 우리 앞에 당한 경주를 하며 믿음의 주요 또 온전하게 하시는 이인 예수를 바라보자 그는 그 앞에 있는 기쁨을 위하여 십자가를 참으사 부끄러움을 개의치 아니하시더니 하나님 보좌 우편에 앉으셨느니라 (히 12:1-2)

하나님의 목적은 그분의 자녀들이 옛 사람으로부터 온전히 구원을 받아 새 사람(엡 4:24, 골 3:10) 속으로 완전히 들어가는 것이다.

> 너희는 이전 일을 기억하지 말며 옛날 일을 생각하지 말라 보라 내가 새 일을 행하리니 이제 나타낼 것이라 너희가 그것을 알지 못하겠느냐 반드시 내가 광야에 길을 사막에 강을 내리니 장차 들짐승 곧

승냥이와 타조도 나를 존경할 것은 내가 광야에 물을, 사막에 강들을 내어 내 백성, 내가 택한 자에게 마시게 할 것임이라 이 백성은 내가 나를 위하여 지었나니 나를 찬송하게 하려 함이니라 (사 43:18-21)

우리는 우리의 존재 가장 깊은 곳까지 구원하시는 예수님의 능력을 받아야만 한다. 단지 영의 사람뿐만 아니라 생각과 감정의 모든 영역가지 구원받아야 하며, 우리의 의지도 자유롭게 되어 반드시 우리의 육체를 통해 이 자유와 구원이 표현되어야 한다. 우리는 모두 그리스도를 따르도록 창조되었다. 비록 삶의 여정 가운데 시련과 고통과 실패가 우리를 괴롭게 할지라도 매번 그렇게 당할 필요는 없다! 이 책은 주님께서 이미 우리에게 가르쳐 주신 것을 토대로 우리가 차례차례 그 길로 온전히 걸을 수 있다는 개념을 알려 준다.

경계에 경계를 더하며 경계에 경계를 더하며 교훈에 교훈을 더하며 교훈에 교훈을 더하고 여기서도 조금, 저기서도 조금 하사 (사 28:13)

이 책은 스네이크 라인 너머로 가는 길을 찾아야만 하는 사람들에게 확신을 주려고 쓴 것이 아니다. 그 길을 알고 싶어서 이미 그것을 추구하고 있는 사람들을 위해 쓴 것이다. 이 자료의 혜택을 가장 극대화하려면, 반드시 개인적으로 그 필요성을 절감하고 삶 속에서 축사를 생활화하고자 하는 소원을 품어야 한다. 당신에게 이 점을 설

득하기 위해 수백 쪽의 글을 쓰지는 않을 것이다. 초반부에서 이미 말했듯이, 그것이 나의 일이 아니기 때문이다.

지존자의 은밀한 곳을 찾을 수 있도록 성령의 인도하심을 받으라. "주를 기쁘시게 할 것이 무엇인가 시험하여 보라"(엡 5:10). 이 책이 그 여정을 따라가는 데 도움이 되길 기도한다.

한 가지 당부하고 싶은 것이 있다. 이 책을 읽는 동안, 지나친 자기 분석에 빠지지 않도록 자신을 지키길 바란다. 앞으로 나는 보편적인 그리스도의 몸이 다뤄야만 하는 것들을 설명할 것이다. 이 모든 이야기들이 다 당신과 관련이 있는 것은 아니다. 만일 당신이 성령의 인도하심 가운데 사랑으로 행하지 않고 자신을 지나치게 상세히 해부한다면, 그리스도를 향한 시선을 당신 자신에게 고정시키는 함정에 빠질 수 있다. 그것은 당신을 스네이크 라인에서 벗어나게 만드는 또 다른 요인이 될 것이다.

우리가 초점을 주님께 맞추는 만큼 우리 자신으로부터 자유를 얻는다. 이 말은 전에 아주 현명한 사람이 한 말인데, 그가 누구인지는 기억나지 않는다.

반대로, 우리가 이 모든 축사 사역을 안다고 생각해서 다음에 이어지는 내용을 적용하지 않아도 된다는 속임에 빠지지 않도록 주의하라. 우리 모두에게는 청소해야 할 영역들이 있다. 그 영역을 깨닫도록 돕는 일은 성령님의 몫이다. 그분은 언제나 조금씩, 부드럽게 인도하시지, 결코 회초리로 우리의 머리를 부수지 않으신다. 이 책은 생각의 틀 안에 가두는 것이 아니라 오히려 우리를 자유롭게 한다.

데살로니가전서 5장 23절은 우리가 영, 혼, 육으로 구성되어 있다고 말한다. 히브리서 4장 12절은 영과 혼과 몸이 각각 구분되어 있음을 보여 준다. 말씀에 의해 이 세 가지 모두 분리될 수 있기 때문에, 이 세 가지는 본질상 서로 다르다.

구약에서 제물을 완전히 분해하기 위해 제사장이 사용한 칼은 내면에 있는 것 중 감출 수 있는 것은 아무것도 없다는 것을 잘 보여 주는 예다. 이와 마찬가지로 주님은 우리의 존재를 구성하는 세 가지를 철저하게 구별하기 위해 말씀을 사용하신다. 영으로부터 혼을, 육으로부터 영을 구분하신다.

우리의 생명 자체는 성령으로부터 온다(요 6:63). 그리고 창세기 2장 7절에 의하면, 하나님께서 그분의 숨결을 불어넣으셨을 때 생명이 흙으로 만든 우리의 몸 안으로 들어왔다. 로마서 8장 16절은 성령과 우리 영의 차이를 보여 준다. 이 둘은 각각의 독립체로, 후자가 전자로부터 생명을 받는다(인간의 영의 특징에 관해 보다 상세한 성경 구절을 원한다면, 잠 25:28, 슥 12:1, 고전 2:11, 5:4, 14:14, 14:32, 히 12:23을 보라).

혼(생각과 의지와 감정)은 영이 몸과 반응해서 쌍방 간의 조화를 이뤄 독특한 개인을 형성할 때 창조된다. 이 책은 주로 혼에 대해 다룰 것이다. 왜냐하면 혼이 인간의 자유의지와 관련된 기관이기 때문이다. 만일 한 사람의 혼이 의지적으로 하나님께 순종한다면, 그제야 비로소 영이 하나님께서 의도하신 대로 그 사람의 삶을 다스릴 수 있게 된다.

> 너희는 너희가 하나님의 성전인 것과 하나님의 성령이 너희 안에 계시는 것을 알지 못하느냐 (고전 3:16)

구약의 성전은 세 부분으로 구분된다. 사람의 물리적 몸을 상징하는 바깥뜰은 햇빛을 받으면 다 보인다. 혼을 표현하는 성소는 제사장인 우리가 제물을 바쳐 하나님께 나아가는 곳으로, 촛불이 그곳을 밝혀 준다. 하지만 그 빛은 오직 자신의 생각과 감정을 보기 원하는 사람들을 비춘다. 지성소는 하나님의 임재가 머무는 곳으로, 빛이신 그분이 친히 비추신다. 우리는 존재의 가장 거룩한 부분인 우리의 영으로 주님과 교제한다(요 4:24).

혼은 한 사람의 이성적 사고의 중심, 곧 물리적 세계의 지식의 중심이다. 영의 사람이 오직 지성소에서 발견할 수 있는 계시를 통해 혼을 다스리기 위해서는 반드시 축사의 길을 걸어가야만 하는데, 그 중심지가 바로 혼이 머무는 이곳이다. 영은 우리의 혼과 몸의 모든 기능보다 탁월하다.

혼이 현재의 자연적 존재에 관한 것임을 기억하라. 그것은 우리의 존재를 구성하는 다른 두 영역이 만나는 곳이다. 하지만 우리가 부활하면, 영이 매우 중요한 구성요소가 될 것이다(고전 15:44).

그럼에도 불구하고 아주 기쁜 소식이 있다. 우리가 부활하신 주님과 연합했기 때문에 우리의 영이 바로 지금 우리의 전 존재를 다스릴 수 있다. 우리는 첫 번째 아담과 연합한 것이 아니라, 마지막 아담 곧 생명을 주시는 성령님과 연합했다(고전 15:45).

몸은 세상을 자각하는 도구, 즉 오감이다. 혼은 지성의 도구, 자아, 개성이다. 영은 하나님과 교통하는 통로다. 우리가 거듭날 때부터 그분이 우리의 영 안에 거하시기 때문이다. 따라서 몸이 물질세계와 소통하듯 영은 영의 세계와 소통하며, 혼은 두 세계를 드러내는 양자 간의 중간 지점이다. 영은 몸에 직접 영향을 줄 수 없고 반드시 혼을 통해야만 한다. 그러므로 영은 하나님의 생각과 지시를 혼에게 전달하고, 혼은 이것을 몸에 전달한다. 그러면 몸이 영의 명령에 복종할 수 있다.

이해가 되는가? 대부분의 사람들이 혼과 영을 같은 독립체로 여기기 때문에 이것이 조금 복잡해 보이지만, 일단 그 특징을 이해하면 위의 내용은 그렇게 어렵지 않다.

결론적으로 하나님의 위대한 계획은, 영이 혼을 통해 몸을 다스리고 정복하는 것이다. 바로 이런 방식으로 하나님의 빛이 세상을 비춘다. 동시에 우리는 독특한 개성을 지닌 채 여전히 우리 자신의 모습을 유지한다.

우리는 반드시 우리의 영과 아주 친숙해져야 한다. 그곳이 하나님과 우리 사이에 교통이 일어나는 장소이기 때문이다. 만일 우리가 이 영의 존재를 무시한다면, 혼의 생각과 감정을 하나님이 주신 말씀으로 대체하는 실수를 범하여 쉽게 혼란에 빠진다.

또한 혼의 양심(옳고 그름을 아는 것)과 뇌가 물리적으로 제공하는 지식 사이에는 차이가 있다. 양심은 우리의 내면에서 "이것은 옳다, 혹은 그르다"라고 인지하는 것에 기초한 즉흥적인 판단이다. 이것이 바로 사람들이 특별한 상황을 핑계 삼아 알면서도 죄를 정당화하는 이유다. 심지어 그들은 성경을 읽고 그것이 잘못된 것임을 알면서도 여선히 성당화한다.

한편 직관은 양심과 다르다. 그것은 외부의 영향을 의존하지 않는 영적인 기능으로, 혼으로부터 어떤 도움도 받지 않는다. 우리는 그저 우리가 어떤 것에 대해 안다는 것을 안다. 당신은 자신이 거듭난 것을 알고 있다. 그런데 이것을 어떻게 아는가? 우리는 직관을 통해 안다. 하지만 우리의 생각은 우리가 아는 것을 이해할 수 있도록 도와준다. 우리는 직관을 통해 하나님의 모든 계시와 성령의 운행하심을 인식한다.

양심과 직관, 이 두 가지 기능은 하나님과 교통하는 일에 능숙하지 않다. 오직 성령께서 우리 영에 직접 역사하신다.

양심은 직관을 따라 판단하고, 직관은 양심이 알려 준 하나님과 연결된다. 그러면 자연스레 예배로 화답하게 된다. 당신이 진실로 하나님을 알게 된다면, 그분을 예배하는 것 외에 무엇을 할 수 있겠는가? 경배를 받으시는 것이 하나님의 존재의 핵심이다.

이 모든 것의 요점은 영 그리고 몸과 연결된 혼의 중요성을 보여 주는 것이다. 당신이 원수를 대적해서 싸우는 거의 모든 싸움은 혼의 영역 안에 있다. 몸의 영역에 발발하는 질병과 대부분의 질환(95% 정도)은 혼의 영역과 어느 정도 연결되어 있다. 당신이 거듭날 때, 당신의 영을 위한 싸움은 이미 승리했다. 그러나 이 자연적인 삶 속에서 당신이 가진 모든 것과 당신의 전 존재와 당신이 되고자 하는 모든 것은 혼의 영역에서 결정이 난다. 예수 그리스도의 현대적 축사 사역은 압도적으로 혼의 영역에서 벌어진다.

육체Flesh라는 단어는 물리적인 몸과는 사뭇 다른 의미를 가지고 있다. 그중 하나는 타락한 본성을 말하는 옛 사람을 뜻한다. 회개하지 않은 상태에 있는 영은 하나님에 대해 죽어 있다. 따라서 혼과 몸이 그 사람을 완전히 통제한다. 아담의 혼이 자신의 영의 권세를 거역했을 때, 그의 혼은 몸의 사욕에 팔리고 말았다. 이것은 혼이 영이 아닌 몸을 의지하는 패턴을 만들었는데, 이것을 죄iniquity라고 한다. 아담의 의지가 하나님의 통치를 거부했을 때, 혼은 몸의 죄수가 되었다.

영적으로 거듭난 사람과 육적으로 거듭난 사람, 두 종류의 거듭난 그리스도인들이 있다. 구원의 관점에서 영은 그 자체로 완벽하다. 새 생명은 이미 완성되었지만, 성장의 과정이 남아 있다. 그것은 마치 자연계에서 갓 태어난 아기가 즉시 성인이 될 수 없는 것과 같다. 꽃 안에 내재된 생명은 열매가 될 수 있는 완벽한 조건을 갖추고 있다. 그러나 열매를 바로 딸 수는 없다. 성장하려면 시간이 필요하다. 그리고 당신의 의지가 당신의 성장 속도에 가장 중요한 역할을 한다.

영적인 그리스도인은 그의 전 존재가 성령의 다스림을 받는 사람이다. 비록 우리 중 극소수가 이 완성된 단계에 이르렀다 할지라도, 성령의 도우심을 따라 순복함으로 그것을 이루는 것이 가능하다. 이것은 우리의 육체의 본성을 복종시켜 스네이크 라인 너머에서 사는 단계다.

육적인 그리스도인은 성령께서 그의 영에게 생명을 주셨다 할지라도 특정한 상황에 처하면, 자신의 혼과 몸을 죄에게 내어순다. 육성carnality에도 여러 단계가 있다. 우리의 육성이 우리를 죽음에 처하게 만드는 단계는 아닐지라도, 이런 단계에서는 우리가 스네이크 라인 너머에서 사는 것을 원수가 막을 수 있다.

> 육신의 생각은 사망이요 영의 생각은 생명과 평안이니라 … 너희가 육신대로 살면 반드시 죽을 것이로되 영으로써 몸의 행실을 죽이면 살리니 (롬 8:6, 13)

하나님을 찬양하라. 그분은 예수 그리스도의 죽음과 성령의 도우심으로 온전한 구원과 우리의 옛 사람에 대한 완전한 승리를 주셨다! 이것이 바로 우리를 거룩한 길로 인도하는 스네이크 라인 너머로 가는 방법이다.

거기에 대로가 있어 그 길을 거룩한 길이라 일컫는 바 되리니 깨끗하지 못한 자는 지나가지 못하겠고 오직 구속함을 입은 자들을 위하여 있게 될 것이라 우매한 행인은 그 길로 다니지 못할 것이며 거기에는 사자가 없고 사나운 짐승이 그리로 올라가지 아니하므로 그것을 만나지 못하겠고 오직 구속함을 받은 자만 그리로 행할 것이며 여호와의 속량함을 받은 자들이 돌아오되 노래하며 시온에 이르러 그들의 머리 위에 영영한 희락을 띠고 기쁨과 즐거움을 얻으리니 슬픔과 탄식이 사라지리로다 (사 35:8-10)

거룩한 길

Chapter 3

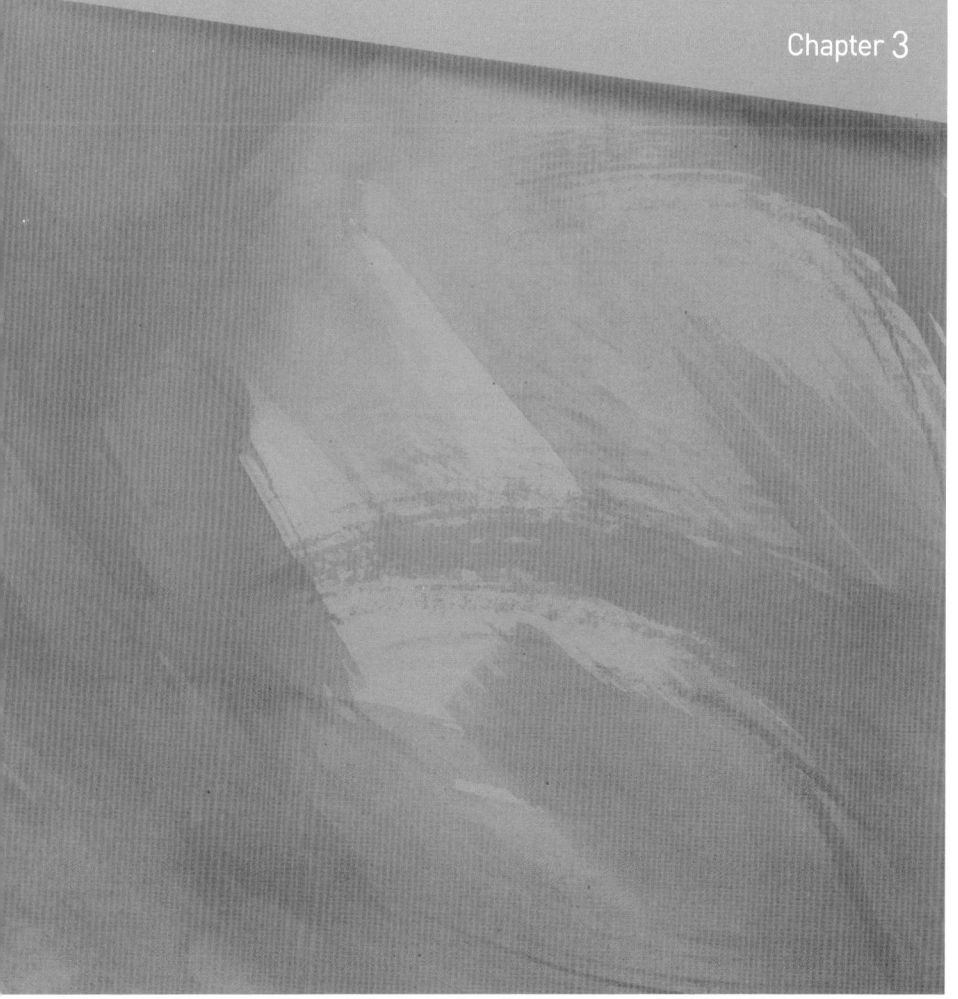

Chapter 3

히브리서 4장 9절은 이렇게 말한다. "그런즉 안식할 때가 하나님의 백성에게 남아 있도다." 나는 이것이 은밀한 곳에 관한 말씀이라고 믿는다. 그렇다. 하나님 안에 아주 안전한 장소가 있다. 그곳은 삶의 소용돌이로부터 쉴 수 있는 곳이며, 원수가 우리를 찾을 수 없는 곳이다.

나는 하나님의 백성이 원수의 지속적인 공격 아래 있거나 비통함과 침통함에 무겁게 짓눌려 살아야 한다고 생각하지 않는다. 물론 매일의 삶 속에서 직면하는 모든 일이 우리가 원하는 대로 된다는 말은 아니다. 나는 그리스도 안에 있는 은밀한 곳, 즉 원수가 접근할 수 없는 높은 곳이 있음을 확신한다. 이 책의 의도는 하나님 안에 있는 "더 높은 곳으로 올라가라"고 도전하는 것이다. 스네이크 라인 너머에 산다는 것은 원수가 침노할 수 없는 더 높은 세계에 사는 것이다.

사실 우리는 원수와 싸우기보다 우리의 확신을 유지하기 위해 싸운다. 만일 모든 사람이 매주 '에베소의 맹수'(고전 15:32)와 싸우고 있다면, 과연 풍성한 삶을 살고 있는 것일까?(요 10:10을 보라)

> 끝날에 이르러는 여호와의 전의 산이 산들의 꼭대기에 굳게 서며 작은 산들 위에 뛰어나고 민족들이 그리로 몰려갈 것이라 곧 많은 이방 사람들이 가며 이르기를 오라 우리가 여호와의 산에 올라가서 야곱의 하나님의 전에 이르자 그가 그의 도를 가지고 우리에게 가르치실 것이니라 우리가 그의 길로 행하리라 하리니 이는 율법이 시온에서부터 나올 것이요 (미 4:1-2)

만일 우리가 여호와의 산에 이르러 그곳에서 살고 있다면, 다른 사람들을 그곳에 데리고 갈 것이다. "오라 우리가 여호와의 산에 올라가서 … 우리가 그의 길로 행하리라." 참으로 놀라운 생각 아닌가!

에베소서 2장 6절은 우리가 예수님과 함께 하늘의 처소에 앉아 있다고 말한다. 친애하는 독자 여러분과 나 자신을 포함한 많은 사람들에게는 여호와의 산으로 가는 이 길이 너무 멀게 느껴질 것이다. 그래서 그곳을 힘겹게 광야를 통과하며 원수들과 싸워 이긴 후에야 다다를 수 있는 곳으로 생각한다.

나는 이 길이 오늘 누릴 수 있는 생명의 길이라고 굳게 확신한다. 우리는 반드시 이 길을 찾아야 한다. 마귀가 지나갈 수 없는 길, 하나님 안에 걸어가는 길, 그런 길은 분명히 존재한다!

그 길은 솔개도 알지 못하고 매의 눈도 보지 못하며 용맹스러운 짐승도 밟지 못하였고 사나운 사자도 그리로 지나가지 못하였느니라 (욥 28:7-8)

이 길은 원수조차 알아차릴 수 없다. 독수리의 눈(킹제임스역)도 결코 그것을 볼 수 없다. 그 길은 하나님 안에서 그리스도와 함께 감춰진 생명을 통해 걸어가는 길이다(골 3:3). 골로새서 2장 3절은 그리스도에 대해 다음과 같이 말한다. "그 안에는 지혜와 지식의 모든 보화가 감추어져 있느니라." 그러므로 우리는 그분 안에서 이 길을 발견한다. 이것은 연합을 말한다.

그리스도와 연결된 후 우리는 죽었고, (우리가 우리 자신을 그분께 드렸기 때문에) 우리 자신은 그분의 생명 안에 감춰져 있다. 따라서 사탄과 그의 악한 영들은 그분 안에 감춰진 이 생명을 볼 수 없다. 모든 믿는 자의 삶이 이처럼 되어야 마땅하다!

하나님 안에 감춰진 은밀한 곳으로 인도하는 거룩한 길(사 35:8)이 있다. 문자 그대로 그분의 통치를 받는 물리적 세상에서 진실한 것은 영적으로 새로운 피조물의 세계에서도 진실하다. 물론 더러운 자는 그곳을 지나지 못한다. 어떤 흉측한 짐승이나 사자도 그곳을 밟을 수 없듯, 불의한 자도 마찬가지다.

주님께서 우매한 행인에게 관대한 태도를 보이지 않으시는 것은 부도덕함을 제멋대로 내버려 두지 않으시기 때문이다. 우매한 자란 지혜를 경멸하고, 다투기 좋아하며, 죄를 짓고, 음란하며, 조롱하는 사람이란 뜻으로, 기본적으로 신앙이 없는 불경건한 자를 말한다. 물론 주님 안에는 용서와 회복의 은혜가 있다. 그러나 어리석은 자에 관한 말씀도 있다는 것을 잊지 말자(시 107:17, 잠 10:8, 10:14, 10:21, 14:9, 16:22, 29:9). 여기에서 핵심은 우리가 어리석은 상태에 계속 머물러 있어서는 안 되며, 지존자의 은밀한 곳으로 인도하는 거룩한 길에 머물러 있기를 사모해야 한다는 것이다.

이것은 우리가 우리의 마음을 살펴 하나님 보시기에 성결(거룩하다고 선포)하지 않은 것은 무엇이든지 뿌리째 뽑아야만 한다는 것을 보여 준다. 우리가 전능자의 그늘 아래 숨어 있을지라도, 그곳에서 잠들어서는 안 된다. 하나님의 안식은 긴장을 풀고 아이스티를 즐기는 것이 아니라 적극적인 기다림 곧 능동적으로 점유하는 상태다. 우리는 조금도 방심하지 말고 깨어 있어야만 한다. 그 이유는 원수가 이 안에 자리 잡을 틈을 주지 않기 위해서다. 이것이 올바른 축사 사역이다.

모든 문제에 대해 항상 귀신을 쫓아낼 필요는 없다. 나는 이 사역이 그렇게 단순하기를 바라지만, 실상은 그렇지 않다. 솔직히 말하자면, 이 책의 가장 쉬운 면 중 하나는 실전 축사 사역이다. 반면, 진짜 큰 어려움은 우리 자신을 다루는 것이다. 죄는 반드시 고백해야 하고 버려야 한다. 당신과 나는 이것을 이길 수 없다. 그래서 우리는 우리의 육체를 그리스도와 함께 십자가에 못 박아야 한다. 그러면 우리는 그분 안에 감춰진 삶을 살 수 있다.

우리의 육체는 매번 원수에게 우리의 자리를 내어 줄 것이다. 결국 이 사나운 짐승은 우리의 냄새를 맡고 야금야금 잡아먹을 것이다. 고백하지 않은 죄는 썩은 고기와 같은 악취를 풍기며, 그 썩고 부패한 냄새는 멀리 떨어져 있는 포식자를 끌어들인다.

믿음으로 행하라

그렇다면 우리는 정확히 어떻게 해야 우리의 어리석은 본성을 내려놓고 이 길에 머물 수 있을까? "이는 우리가 믿음으로 행하고 보는 것으로 행하지 아니함이로라"(고후 5:7). 이 길은 영적인 걸음을 요구하는 영적인 길이다. 인간적인 개념과 환경은 우리의 믿음의 발걸음에 복종해야 한다. 믿음이 없이는 하나님을 기쁘시게 하지 못한다는 것을 모르는 사람은 없다(히 11:6). 그분의 산에 오르는 길은 오직 믿음뿐이다.

당신은 믿음이 적극적인 행동이라는 가르침을 들은 적이 있을 것이다. 믿음은 수동적인 신뢰가 아니다. 믿음의 발걸음을 내딛는 유일한 방법은 믿음의 발걸음을 내딛는 것이다. 어쩌면 이것이 그저 듣기 좋은 말처럼 들릴지도 모른다. 하지만 미가 선지자는 말한다. "오라,

우리가 여호와의 산에 오르자!" 이 길을 오르기 위해 우리 쪽에서 내려야 할 결단이 있다.

스네이크 라인 너머에 살기 위한 필수 요소 중 하나는 우리의 힘을 무기력하게 만들고자 애쓰는 원수를 향해 하나님께서 우리에게 주신 권세를 사용하는 것이다.

> 그가 장차 지극히 높으신 이를 말로 대적하며 또 지극히 높으신 이의 성도를 괴롭게 할 것이며 그가 또 때와 법을 고치고자 할 것이며 성도들은 그의 손에 붙인 바 되어 한 때와 두 때와 반 때를 지내리라 (단 7:25)

이 구절에서 쓰인 '괴롭게 하다'persecute(핍박하다)는 문자 그대로 '기진맥진하게 만들다'라는 뜻이다. 이것은 마귀의 주된 간계 중 하나다. 우리가 하나님의 산으로 향하는 길로 믿음의 발걸음을 내디딜 수 없게 하기 위해, 원수는 우리를 지치게 해서 결국 탈진에 빠지게 만드는 것이다. 이 말은 우리 모두가 지치거나 피곤해서는 안 된다는 뜻이 아니다. 예수님조차 이 땅에 계시는 동안 때때로 피곤을 느끼셨다(요 4:6을 보라). 하지만 이때 주님의 반응을 주목해 보자. 그분은 아버지의 산에 있는 은밀한 곳으로 물러나셨다(마 14:13, 막 1:35, 눅 6:12을 보라).

하나님의 백성을 위한 안식이 있다. 우리 중 대다수가 이것을 놓치는 이유는 하나님의 높은 곳으로 향하는 길을 걸을 때 우리가 믿음을 인식하지 않기 때문이다.

> 그러므로 더듬는 입술과 다른 방언으로 그가 이 백성에게 말씀하시리라 전에 그들에게 이르시기를 이것이 너희 안식이요 이것이 너희 상쾌함이니 너희는 곤비한 자에게 안식을 주라 하셨으나 그들이 듣지 아니하였으므로 (사 28:11-12)

나는 히브리서 4장에서 상세히 다루고 있는 헬라어 단어 '안식'으로부터 영어 단어 캐터펄트catapult(새총, 투석기, 함선의 비행기 발사대)가 파생되었다고 배웠다. 안식 안에 함축된 의미는 높고 교만한 위치를 차지한 생각과 감정의 견고한 진(다음 장을 보라)을 무너뜨리는 도구라는 뜻이다.

이 안식은 더듬는 입술과 다른 방언 안에서 발견된다. 그것은 내주하시는 성령님께 우리의 혀를 의지적으로 내어드림, 즉 하늘의 방언 기도를 통해 그분의 안식과 상쾌함 속으로 들어간다. 오늘날 하나님의 백성들이 이 놀라운 사실을 알지 못하여 방언 기도의 중요성을 거부하고 있는 것이 참으로 안타깝다. 우리는 절대 그렇게 하지 말자!

우리가 이 안식의 길을 찾아가는 동안 원수는 우리를 괴롭혀 탈진에 빠지게 할 것이다. 그때 우리는 바울처럼 되어야 한다. 뱀이 물려고 달려들 때마다 흔들어 불 속에 떨쳐 버리자!(행 28장) 그 길을 향해 믿음의 발걸음을 디딜 동안 우리가 홀로 외로이 가고 있지 않다는 사실을 잊지 말자. 성령님은 우리를 대적하는 모든 원수의 장애물들을 향해 우리가 권세를 사용할 수 있도록 도우신다.

그럼에도 불구하고 그 권세를 실행하는 것은 믿음이다. 바울은 독사가 자신에게 해를 끼칠 수 없다는 것을 알았다. 그것은 타인이 줄 수 있는 확신이 아니다. 성령을 받은 사람들이 영의 세계의 전문가가 되었음에도 여전히 믿음의 세계에서 초보자로 머무는 것은 결코 주님의 뜻이 아니다. 이 둘은 같이 역사한다. 성령의 운행하심은 우리에게 축복이다. 하지만 우리는 믿음보다 감정을 따라 사는 경향이 강하다. 하나님을 기쁘시게 하는 것은 우리의 믿음이다. 이것을 명심하자.

> 그러나 인자가 올 때에 세상에서 믿음을 보겠느냐 (눅 18:8)

이것은 매우 훌륭한 질문이다. 예수님께서 다시 오실 때, 과연 믿음으로 승리하는 자들을 보실 수 있을까? 한 가지 재미있는 이야기를 소개한다. 로이 힉스 박사는 이렇게 말했다. "하나님은 감정적으로 안정된 불신자를 염려하시는 것처럼 감정적으로 불안정한 그리스도인을 염려하지는 않으신다."

> 무릇 하나님께로부터 난 자마다 세상을 이기느니라 세상을 이기는 승리는 이것이니 우리의 믿음이니라 … 내가 하나님의 아들의 이름

을 믿는 너희에게 이것을 쓰는 것은 너희로 하여금 너희에게 영생이 있음을 알게 하려 함이라 (요일 5:4, 13)

그리스도의 승리를 적용하라

우리가 원수를 향해 그리스도의 완전한 승리를 적용하는 방법은 바로 믿음을 통해서이다. 우리는 그리스도께서 십자가에서 사탄을 완전히 정복하셨다는 사실을 잘 알고 있다. 그런데 중요한 것은 우리가 반드시 그것을 집행해야 한다는 것이다.

지금 나눌 원리들 중 일부는 나의 제부인 데이빗 알소브룩의 가르침을 적용한 것으로, 그의 허락을 받아 여기에 게재한다.

시편 8편에 따르면, 하나님은 그분의 손으로 행하신 일들을 통치하고 만물을 우리의 발아래 두기 위해 우리를 창조하셨다(6절). 만물이 현재 우리의 발아래 있는 것을 보지 못하지만, 우리는 히브리서 2장 8절을 통해 영광과 존귀의 면류관을 쓰신 예수님께서 그렇게 하신 것을 볼 수 있다. 왜냐하면 그분은 '모든 사람을 위해 죽음을 맛보셨기' 때문이다. 만물이 예수님 아래에 있다. 그분은 만유의 주시다!

그의 능력이 그리스도 안에서 역사하사 죽은 자들 가운데서 다시 살리시고 하늘에서 자기의 오른편에 앉히사 모든 통치와 권세와 능력과 주권과 이 세상뿐 아니라 오는 세상에 일컫는 모든 이름 위에 뛰어나게 하시고 (엡 1:20-21)

물론 사탄이 공중의 권세 잡은 자(엡 2:2)라는 것을 잘 알고 있다. 그러나 십자가에서 사탄을 이기신 예수님의 승리는 그의 모든 능력을 부상해제하고 파멸했으며, 그를 수치에 빠뜨리셨다. 따라서 더 이상 죄를 위해 할 것이 없게 되었다. 이제 던져야 할 질문은 이것이다. 당신은 얼마나 승리하길 원하는가? 우리는 그리스도께서 이루신 모든 승리를 누릴 필요가 있다. 그렇게 하기 위해 우리는 예수님의 승리를 단지 죄 사함만이 아니라 삶의 모든 영역에 적용해야 한다.

예수님을 따르는 수많은 사람들이 여전히 사탄의 영향력 아래 사는 이유는 무엇 때문일까? 예수님께서 마귀의 일을 멸하셨다면(요일 3:8), 왜 신자들이 마귀의 일에 굴복하며 살고 있을까? 그리스도께서 오신 이유는 우리가 이 세상에서 보다 풍성한 삶을 살게 하시기 위함이다(요 10:10).

나는 지금 성경적 고난, 곧 그리스도로 인한 박해와 고통을 말하는 것이 아니다. 나는 지금 지속적인 혹은 습관적인 죄의 문제들, 질병, 걱정, 두려움, 염려, 저주로 씨름하는 그리스도인들에 관해 말하고 있다. 이런 것들은 십자가에서 다 해결되었다. 나는 그리스도의 완전한 승리를 누릴 수 있다는 진리를 대다수의 신앙인들이 누릴 자격이 있다고 생각한다.

그 승리는 어디에 있는가? 이 해답에 대해 그리스도의 몸 안에 커다란 논란이 있는 듯하다. 그런 면에서 우리가 실제로 소유하고 있는 것은 우리가 주장하는 것보다 현저하게 낮다. 솔직히 말해서, 패배한 그리스도인들은 대체로 다른 그리스도인들과 세상 사람들에게 걸림돌이 될 수 있다. 하지만 우리는 이것을 바라지 않는다!

나는 누군가를 공격하려는 것이 아니라 다만 솔직하고 싶을 뿐이다. 정말 많고 많은 그리스도인들이 이런 종류의 승리하는 삶을 살고 있다. 항상 완전한 기쁨과 큰 행복을 누리지는 못한다 할지라도, 지속적인 승리를 누리는 사람들이 있다. 몇 가지 소수의 예외적인 경우를 제외하고, 그들은 항상 이기는 삶을 살아가고 있다. 그러나 우리가 우리 자신에 대해 아주 정직하다면, 우리 중 대부분은 이렇게 승리하는 삶을 살고 있지 않음을 인정할 것이다.

이제 이것을 적용하는 데 도움이 될 몇 가지 열쇠들을 살펴보자. 내가 모든 해답을 다 안다고 말하는 것은 아니다. 다만 우리가 하나님과 동행하면서 스네이크 라인 너머로 갈 수 있는 몇 가지 방법들을 소개하려고 한다.

마태복음 16장 19절은 묶고 푸는 왕국의 열쇠에 관해 말한다. 축사 사역을 다루는 많은 책들은 주로 묶는 것에 대해 다룬다. 그것은 바람직한 일이지만, 나는 푸는 것 또한 중요하다고 생각한다.

우리는 예수님의 사랑을 지녀야만 한다. 그 사랑에 너무나 사로잡혀 완전히 열정적이며, 강렬하게 뒤덮임으로 일상의 소소한 일로부터 기념비적인 놀라운 일에 이르기까지 우리 삶의 모든 면에 예수의 영을 풀어내는 경험을 누려야 한다. 말하자면, 우리 자신이 계속 주님과 하나가 되어 지내는 것이다. 항상 자아에 대해서는 'NO'라고 말하고, 하나님께 대해서는 'Yes'라고 말하는 것이다. 많은 그리스도인들이 하나님에 대하여 온전히 살아 있지 못하는 이유는 그들이 자아를 죽이지 않았기 때문이다.

이것은 히브리서 12장 16절에서 말하는 "에서와 같이 망령된 자"를 가리킨다. 자아가 우리를 통제하면, 심지어 부분적일지라도 많은 은혜와 능력이 감소하거나 가용한 은혜의 자리에서 멀어지고, 원수가 홍수처럼 몰려 들어오는 것을 허용하게 된다.

하지만 여기 좋은 소식이 있다. 우리가 우리 자신을 높이는 대신 주님을 경외함으로 두려워하고 그분을 존귀하게 대할 때, 주님은 우리를 위해 원수를 대적하여 일어나실 것이라고 성경은 말한다.

> 서쪽에서 여호와의 이름을 두려워하겠고 해 돋는 쪽에서 그의 영광을 두려워할 것은 원수가 홍수처럼 몰려올 때 주의 영은 그를 대적하여 일어나실 것이라 (사 59:19, KJV, 개역개정은 "여호와께서 그 기운에 몰려 급히 흐르는 강물 같이 오실 것임이로다"라고 번역함 – 역자 주)

이 때문에 야고보서 4장 7절은 이렇게 말한다. "그런즉 너희는 하나님께 복종할지어다 마귀를 대적하라 그리하면 너희를 피하리라."

여기서 '복종하다'는 지휘관의 명령 아래 군대를 정렬한다는 뜻으로, 그리스 군의 군사용어다. 그것은 '훈련이 잘된, 군사적으로 움직이는, 군대식'이란 뜻으로, 마치 한 지휘관 아래 소집된 군대가 하나로 잘 응집된 상태로 움직이는 것과 같다. 그것은 또한 훈련을 통해 이룬 복종이다. 군사들은 지휘관의 명령을 정확하게 실행하도록 훈련을 받는다. 그러면 적이 쳐들어 올 때 즉각적으로, 합당하게 공격자들을 패주시킨다. 여기에 잘 맞는 옛 속담이 있다. "연습에 땀을 더 많이 흘릴수록 전쟁에서 피를 덜 흘리게 된다."

하나님의 통치 아래 자발적으로 복종한다는 말은 "당신의 훈련된 모습을 보이라"는 말과 같다. 주의 능하신 손아래 들어가 그분의 지시를 따르는 것이다. 다시 말해서, 군인이 행동하듯 행동하라는 말이다. 마치 전쟁을 위해 훈련을 잘 받아 주님의 명령을 따라 적시에 행진하는 군사처럼 이것은 하루아침에 일어나지 않는다. 반드시 연습하고 또 연습해야만 이런 반응들이 완전히 몸에 밴다. 훌륭한 군사는 적의 위협 앞에 생각할 틈도 없이 올바르고 즉각적인 반응을 보인다. 그들의 엄격한 훈련은 자동적인 반응이 나올 정도로 몸에 깊이 배어 있다.

'복종하다'는 자신의 손바닥을 보듯 잘 안다는 뜻이다. 당신은 주님이 말씀하시기도 전에 이미 그분의 명령을 아는 차원에 이른다. 그분이 생각하시는 것처럼 당신이 생각하기 때문이다. 따라서 원수가 당신을 대적하려고 일어날 때, 당신은 이미 그를 대적하는 올바른 방법을 안다. 그러므로 원수는 궤멸되도록 예정되어 있다.

만일 당신이 '여기에서는 원수가 이기는 것처럼 보이네. 아무리 예수님의 이름으로 꾸짖어도 능력이 안 나타나는 것 같아. 이제 난 어떻게 하지?'라고 생각한다면, 자신에게 오히려 다음과 같이 질문하는 것이 더 나을 것이다. '전에 받은 훈련 중 내가 놓치고 있는 것은 뭘까?, 주님께 무엇을 목송하지 않았지?' 작은 여우들이 포도원을 망친다는 것을 기억하라(아 2:15).

우리는 대부분 고의적으로 사악한 죄를 짓지 않는다. 그런 행동은 우리의 거듭난 본성을 거스르기 때문이다. 만일 성령께서 우리에게 진실을 말씀하시도록 허락한다면, 우리는 오랫동안 우리가 묵인해 왔던 '작은 여우들'의 존재를 깨닫게 될 것이다.

하지만 여기 기쁜 소식이 있다. 우리 모두에게 절실한 것은 우리 마음에 뿌릴 더 많은 예수님의 사랑의 보혈이다(롬 5:5). 이 말을 그저 판에 박힌 진부한 대답으로 받지 말라. 이것은 우리에게 구원의 문을 열어 주고, 우리가 은밀한 곳에 이를 수 있도록 인도해 주는 강력한 진리다.

예수님의 사랑을 수시로 받아들이는 것은 우리의 속사람과 겉사람을 실제적으로 변화시킨다. "오, 예수님 사랑해요!"라는 평범한 말에는 사실 그 이상의 능력이 있다. 나는 지금 우리가 전심으로, 조금의 수치심도 없이 당황하지 않고, 어떤 거리낌도 없이 주님의 가슴에 기대어 그분 안에, 그분의 인격 속으로 들어가는 것을 말하고 있다.

나는 다른 책에서 포옹 치유(hug therapy)에 관해 다룬 적이 있다. 이것은 어떤 추상적인 엉뚱한 짓이 아니라 영적인 진리다. 우리는 법적으로 그분 안에 있다. 하지만 경험적으로 본다면, 많은 하나님의 백성이 그 치료의 혜택을 누리지 못하고 있다. 사실을 말하자면, 거듭났지만 하나님의 임재를 실제적으로 경험하지 못하거나 요한처럼 하나님의 가시적인 임재를 누리지 못하는 그리스도인들이 많다. 우리의 오감으로 주님의 임재를 경험할 때만 주어지는 주님과의 연합과 일치가 있다.

주와 합하는 자는 한 영이니라 (고전 6:17)

우리를 스네이크 라인 너머로 올려 주는 것은 다름 아닌 이런 종류의 친밀함이다. 원수는 하나님의 임재 앞에 견딜 수 없기 때문에 우리는 주님의 가슴에 더욱 기대는 법을 배워야 한다.

하나님이 일어나시니 원수들은 흩어지며 주를 미워하는 자들은 주 앞에서 도망하리이다 (시 68:1)

주님과의 친밀함을 구할 때, 많은 사람들이 간과하거나 무시하고 있는 분명한 진리가 있다. 우리는 그것을 찬양과 예배에서 발견할 수 있다.

이스라엘의 찬송 중에 계시는 주여 주는 거룩하시니이다 (시 22:3)

이것은 주일 아침 예배 때 부르는 노래만을 말하는 것이 아니다. 우리의 입에서 나오는 하나님을 향한 모든 찬양을 말한다(시 149:6). 우리가 정기적이고 지속적으로 깊은 찬양과 경배를 드릴 때, 우리의 속사람은 힘을 얻고 강건해진다. 만일 이런 종류의 찬양과 경배를 헌신적으로 드릴 시간이 없다면, 분주한 삶을 재조정할 필요가 있다. 해법은 이렇게 단순하다. 예외 없이 우리가 금촛대 중보자들처럼 매일 여섯 시간씩 찬양과 경배로 헌신해야 한다고 말하는 것이 아니다(이것이 무슨 말인지 잘 모른다면 《금촛대 중보자들》Ladies of Gold을 읽어 보라). 그들은 특별한 기름부음을 받아 특별한 역할을 감당하도록 부름 받았다.

찬양과 경배를 그저 찬양과 경배 그 자체를 위한 것으로 대한다면, 성령의 인도하심 없는 종교적이고 율법적인 행위가 될 수 있다. 만일 우리가 단지 시간만 채우려 한다면, 그것은 우리를 스네이크 라인 너머로 이끄는 진정한 친밀함이 아니다. 삶의 전반적인 일들 가운데 주님을 섬기는 것을 최우선순위에 두는 것이 우리 모두에게 안전하다.

한 가지 더 중요한 것은 기름부음 받은 사역에 우리 자신을 복종시키는 것이다. 지속적으로 사람들과 나누며 섬기는 사람들은 다른 이들로부터 자주 공급을 받아야 한다. 믿음의 사람들과 함께 모이는 것의 중요성을 무시하지 말라(히 10:25).

또한 말씀 위에 견고히 서는 것은 그리스도의 승리를 충만하게 적용하는 데 필수적이다. 말씀을 먹는 것의 중요성을 대수롭지 않게 여기는 성도들을 볼 때마다 나는 낙심이 된다. 그런데 그런 일이 너무 빈번하게 일어나고 있다. 성경 66권의 순서도 모른 채 신학교를 졸업하는 신학생들도 있다. 도대체 말이 되는 소리인가? 안타깝게도 그런 일은 우리가 생각하는 것보다 더 빈번하게 벌어지고 있다.

현대 시대의 최첨단 기술은 계속 산만함과 극도로 바쁜 스케줄로 우리를 얽어맨다. 그 결과 성경 읽기의 탁월함과 주님을 기다리며 보내는 시간의 가치가 현저히 떨어지는 듯하다. 이것은 그저 혹평하고자 하는 것이 아니다. 나는 우리 모두가 아주 바쁘고, 그와 관련된 다양한 요소들이 있다는 것도 잘 알고 있다. 하지만 우리는 각자 말씀을 더 많이 보는 것과 주님의 임재 안에 머무는 것의 우선순위를 확고히 해야 한다.

우리는 말씀을 고백함으로 그리스도로부터 공급받을 권리를 누린다. 그렇다면 어떻게 이런 일이 중요하지 않을 수 있겠는가? 악한 자가 우리를 향해 도전하는 모든 당면 과제에 대해 하나님께서 말씀하신 것을 동일하게 말하라. 그렇게 할 때, 우리가 처한 환경들이 성경 말씀과 일치하는 변화가 시작된다.

고백의 헬라어는 호모로게오^{homologeo}이며, 이 단어는 '함께 말하다' 또는 '같은 말'이라는 심오한 뜻을 가지고 있다. 즉, 누군가와 동일한 것을 말하는 것이다. 성경 말씀은 단순히 인쇄된 단어가 아니다. 그것은 하나님께서 그분의 숨결을 불어넣으신 하나님의 생각이다. 다시 말해, 성경의 저자들을 통해 주신 그분의 말씀이란 뜻이다. 성경은 우리의 일상 속에 존재하는 특정 주제에 관한 그분의 완벽한 생각이다. 따라서 우리는 말씀과 동일하게 말해야만 한다. 처음 말씀하신 하나님께도 그것이 심히 중요하기 때문이다.

마지막으로, 그리스도의 승리를 적용하기 위한 또 다른 열쇠는 속히 회개하는 것이다. 우리가 마음의 완고함을 버리고 우리의 죄를 즉시 고백하면, 우리의 승리는 더욱 오래 지속될 것이다.

> 내가 입을 열지 아니할 때에 종일 신음하므로 내 뼈가 쇠하였도다 주의 손이 주야로 나를 누르시오니 내 진액이 빠져서 여름 가뭄에 마름 같이 되었나이다 (셀라) 내가 이르기를 내 허물을 여호와께 자복하리라 하고 주께 내 죄를 아뢰고 내 죄악을 숨기지 아니하였더니 곧 주께서 내 죄악을 사하셨나이다 (셀라) (시 32:3-5)

"사악한 자의 길은 험하니라"(잠 13:15). "오직 거역하는 자들의 거처는 메마른 땅이로다"(시 68:6). 이것은 스네이크 라인 너머로 올라가는 길이 아니다. 빨리 자복하고 회개하라. 우리의 목에 예수님이 주신 쉬운 멍에를 메자(마 11:30). 그러면 그분의 산을 오르는 우리의 길은 점점 더 찬란하게 빛날 것이다. "의인의 길은 돋는 햇살 같아서 크게 빛나 한낮의 광명에 이르거니와"(잠 4:18). 주님 안에 있는 우리의 거처와 위치는 더욱 견고하다.

이 모든 것이 지나치게 단순해 보일지 모르지만, 사실 그렇다. 이런 단순함이 앞서 언급한 개념들을 덜 중요하게 만들지 못한다. 우리가 원수의 지속적인 공격을 받을 때, 우리가 당면한 여러 문제들에 대한 어렴풋하지만 무언가 굉장한 해답을 찾으려는 경향을 보인다. 그래서 우리는 단순함의 능력, 즉 우리가 사용법을 잊어버린 작은 것들이 실제적으로는 아주 강력한 도구라는 사실을 놓칠 수 있다.

당신은 얼마만큼 승리하고 싶은가? 안타깝게도 많은 신자들이 그리스도께서 제공하신 완전한 승리를 누리지 못하고 있다. 이 거룩한 길을 따라 앞으로 나아가는 우리는 사탄의 공격을 능가하는 예수님의 승리를 나타낼 수 있다는 확신을 가질 필요가 있다. 어떤 큰 시련이 닥칠지라도 혹은 어떤 어려운 문제를 맞이할지라도 그것은 중요하지 않다. 왜냐하면 하나님 안에 승리를 위한 해답이 있기 때문이다.

그리고 그 승리를 실행하는 것은 우리에게 달려 있다. 예수님께서 마귀를 완전히 패배시키셨다는 것은 진리다. 사탄은 전에 그랬던 것처럼 지금도 아무것도 아니다. 그는 완전히 패배한 적이다. 그러므로 우리는 하나님을 탓할 수 없다. 우리가 예수님께서 우리를 위해 이미 이루신 승리를 실행할 책임을 감당하는 것이 중요하다. 거듭

말하지만, 당신보다 월등히 위대하신 주님께서 이미 원수를 영구적으로 무찌르셨다!

따라서 마귀는 정말 우리의 문젯거리가 아니다. 우리는 우리의 실패의 원인을 다른 곳에서 찾아볼 필요가 있다. 만일 우리가 충분히 가지고 있다면, 그리스도의 승리를 더 요구할 필요가 없을 것이다. 그렇다면 문제는 우리 자신이다. 우리의 삶 가운데 고개를 드는 사아는 마귀가 부당하게 우리를 이용하도록 기회를 제공한다.

> 항상 우리를 그리스도 안에서 이기게 하시고 우리로 말미암아 각처에서 그리스도를 아는 냄새를 나타내시는 하나님께 감사하노라 우리는 구원 받는 자들에게나 망하는 자들에게나 하나님 앞에서 그리스도의 향기니 이 사람에게는 사망으로부터 사망에 이르는 냄새요 저 사람에게는 생명으로부터 생명에 이르는 냄새라 누가 이 일을 감당하리요 (고후 2:14-16)

하나님은 항상 우리를 승리로 인도하신다. 예외 없이, 언제나 그렇다. 그분이 이것을 행하신다. 하나님을 아는 지식의 향기를 모든 사람에게 널리 퍼뜨리신다. 우리가 풍기는 승리의 향기는 구원받는 자들과 멸망하는 자들을 구별한다.

다시 말해서, 우리의 승리하는 삶은 사람들을 그리스도께로 인도하거나 그들을 밀어낸다. 이 대립적인 경험은 사람들에게 어떤 형태로든 반응할 것을 요구한다. 이것이 바로 우리가 승리하는 삶, 이를테면 최고의 향기를 뿜어내는 삶을 사는 것이 그렇게 중요한 이유다.

우리가 이런 향기를 나타내지 못하고 있다면, 그것은 하나님의 잘못이 아니다. 왜냐하면 위에 인용한 말씀이 100% 진리이기 때문이다. 하나님은 항상 우리를 인도하신다. 지금은 우리가 성령의 도우심을 받아 우리 자신을 돌아봄으로써, 이미 패배하여 무능해진 원수가 편하게 침입해서 우리를 거룩한 길에서 벗어나게 만들지 못하도록 철저히 무장해야 할 때다.

진짜 큰 어려움은 우리 자신을 다루는 것이다. 죄는 반드시 고백해야 하고 버려야 한다. 당신과 나는 이것을 이길 수 없다. 그래서 우리는 우리의 육체를 그리스도와 함께 십자가에 못 박아야 한다. 그러면 우리는 그분 안에 감춰진 삶을 살 수 있다.

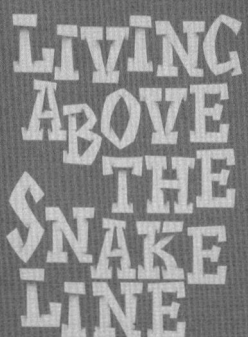

묵시(계시)가 없으면 백성이 방자히 행하거니와

(잠 29:18)

견고한 진을 파쇄하라

Chapter 4

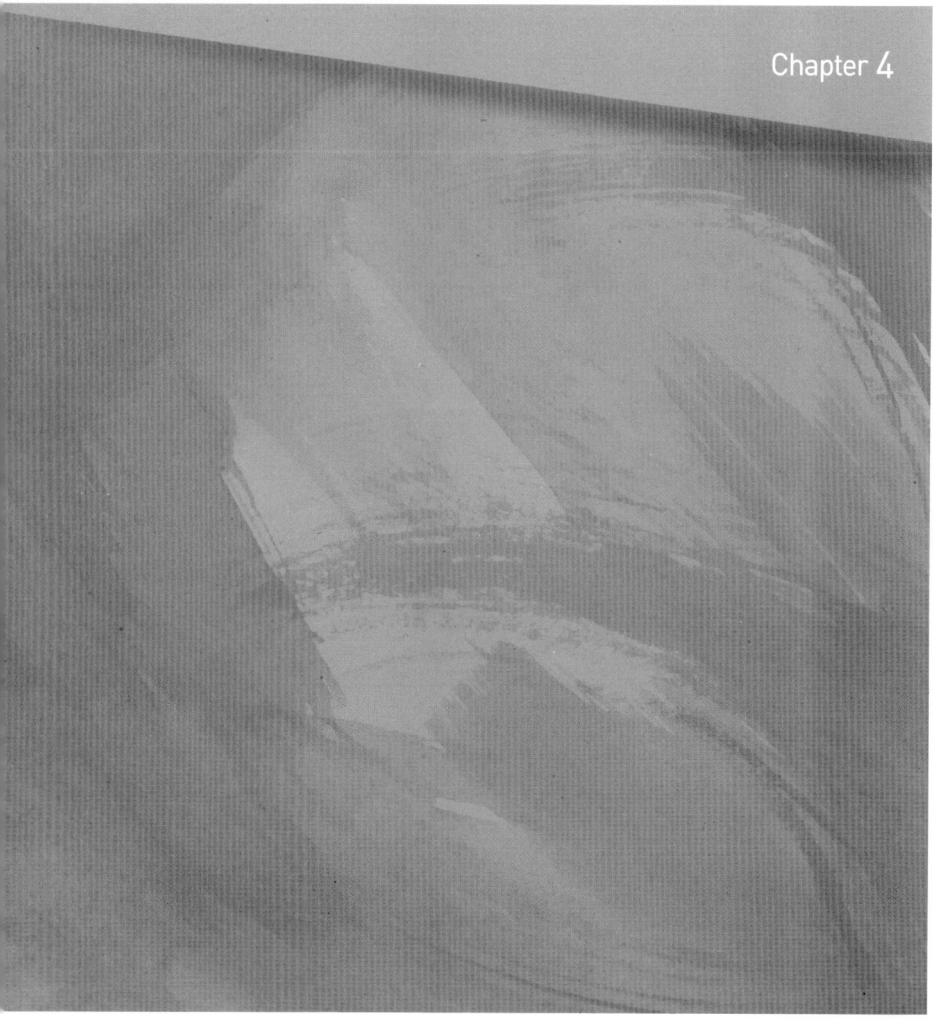

Chapter 4

잠언 29장 18절에서 묵시^{revelation}는 '예언적 환상'을 뜻한다. 우리가 지존자의 은밀한 곳으로 가는 길에 계속 머물기 위해서는 우리 안에 역사하시는 성령님의 도움을 받아야 한다. 우리 자신의 능력으로 빠르게 나아갈 수도 없고, 원수가 우리를 발견하지 못할 것을 기대할 수도 없기 때문이다. 나는 성령 안에서 기도함으로 믿음 위에 우리 자신을 세우며(유 20) 성령 충만한 삶을 사는 것의 중요성에 대해 언제나 확고하다.

여호와의 산에 오르기 위해 우리가 마땅히 밟아야 할 영적인 발걸음을 정확히 인식하려면, 반드시 예언의 영을 활성화해야 한다. 그리스도인들이 계속 괴롭힘을 당하는 주된 이유 중 하나는 우리가 성령님과 친밀하게 살지 않기 때문이다.

이것은 우리의 생각과 의지와 감정에 견고한 진을 만들 수 있다. 이번 장에서 견고한 진에 대한 보다 정확한 정의를 다루겠지만, 지금 여기에서는 이것을 습관, 주기적 활동, 생각과 행동의 패턴으로 본다. 이런 것들은 우리가 성령 안에서 행하는 것을 제한하고, 전능자의 그늘 아래 거하지 못하도록 막는다.

우리는 에베소서 2장 10절에서 "(하나님이 우리를 위해 전에 예비하신 선한 일들) 그 가운데서 행하라"는 말씀을 볼 수 있다. '행하다'의 헬라어 페리파테오^{peripateo}는 전치사 페리^{peri}('~에 관심을 갖다, ~에 관한, 대부분은 ~을 통해'라는 뜻)와 '길'을 뜻하는 어근에서 파생된 동사 파테오^{pateo}의 합성어다. 결국 이 단어는 우리가 밟아야 할 길에 관해 우리 자신이 관심을 갖는 것을 의미한다.

우리가 행할 때 성령님을 의지하는 것을 확고한 습관으로 삼아야 한다. 우리는 삶의 여정 가운데 친히 인도하시는 분이 성령님이시라는 것을 잘 알기 때문에 눈을 가리고도 그분과 동행할 수 있다. 우리의 육안(肉眼)은 우리를 속인다. 그래서 우리는 걸어가다 넘어진다. 그러나 성령께서 인도하시면, 발을 헛디뎌 넘어지지 않는다.

이것은 육신을 따라 행하는 것과 반대다. 육신을 따라 행하는 것은 예전에 하던 대로 우리 자신의 이성과 직관을 따라 스스로 길을 찾는 능력을 의지한다. 하지만 우리는 육체를 따라 행하는 것에 확신을 두지 말고 성령의 도우심을 따라 살아야 한다. 성령님은 위로부터 오는 전략과 지혜를 주시며, 원수가 우리 앞에 놓은 덫과 함정을 피할 수 있도록 우리의 발걸음을 인도하신다.

그렇다 할지라도 우리는 스게와의 일곱 아들처럼 끝날 수도 있다 (행 19:13-16). 우리가 단지 주님과 동행하는 겉모양에 관심을 가진 채 성령의 진정한 능력 없이 말로만 전한다면, 우리의 원수는 이렇게 말할 것이다. "예수도 알고 바울도 알거니와 너희는 누구냐?" 그러면 우리는 상하여 벗은 몸으로 도망쳐야 하는 상황을 맞이할지도 모른다.

우리가 걸어가는 삶의 길은 겉으로 드러난 것만으로 판단할 수 없다. 성령의 인도함을 따라 예언의 영 안에서 받는 계시를 무시하고 삶의 방향을 설정해 가면, 우리는 절대로 신중하게 살 수 없다. 그러면 곁길로 빠져 원수의 덫에 걸릴 것이다. 우리 스스로 삶의 방향을 찾아갈 수 있다는 생각은 참으로 어리석은 것이다. 그렇게 살면 우리는 인생의 여정 가운데 쉽게 넘어지고 말 것이다.

바울은 고린도후서 11장에서 우리에게 탁월한 가르침을 준다. 육체를 따라 사는 것이 얼마나 어리석은 것인지를 알았던 바울은 그것이 초래할 결과에 대해 다음과 같이 두려워했다. "뱀이 그 간계로 하와를 미혹한 것 같이 너희 마음이 그리스도를 향하는 진실함과 깨끗함에서 떠나 부패할까 두려워하노라 만일 누가 가서 우리가 전파하지 아니한 다른 예수를 전파하거나 혹은 너희가 받지 아니한 다른 영을 받게 하거나 혹은 너희가 받지 아니한 다른 복음을 받게 할 때에는 너희가 잘 용납하는구나"(3-4절).

그는 자신이 다른 사도들보다 조금도 열등하지 않다고 말하지만(5절), 고린도 교회의 제자들을 높이기 위해 자신을 낮추었다(7절). 그가 이렇게 한 것은 자신이 그리스도를 위한 사도라고 주장하는 가짜 사도들의 실상(13절)을 증명하기 위해서였다. 사도행전에는 주님께서 바울의 손을 통해 이루신 놀라운 기적들이 많이 등장한다. 그 누구도 바울이 예수님의 위대한 사도라는 것에 의문을 제기하지 않는다.

이것은 겉모양으로 판단하는 것과는 전혀 상관이 없다. 바울은 유순하였고 잘난 체하지도 않았다(고후 10:1). 어떤 학자들은 2세기 고대 문서에 근거하여 그의 체구가 작았으며, 일자 눈썹에 대머리였다고 하는데, 어느 정도 타당한 말인 것 같다. 그의 헬라어 이름 바울이 '작은, 겸손한'이란 뜻이기 때문이다.

여기에서 내가 전하고 싶은 것은 자기를 광명의 천사로 가장하는 원수(14절)를 너그러이 용납하는 것을 피할 수 있는 유일한 방법이 '성령을 따라 행하는 것'뿐임을 바울이 잘 간파하고 있었다는 것이다. 따라서 스네이크 라인 너머에서 살 수 있는 유일한 길은 우리가 밟는 걸음마다 육신의 눈이 아닌 영의 눈으로 분별하기 위해 지속적으로 성령의 계시를 받는 것뿐이다.

우리가 그렇게 할 때 직면할 수 있는 몇 가지 문제점은 견고한 진들이다. 우리가 주님과 동행하다 보면, 어느 시점에서 견고한 진들을 대면하게 될 것이다. 그것은 오직 성령의 능력을 통해 뿌리 뽑을 수 있다. 우리는 우리의 힘으로 그것을 이길 수 없다. 어떤 이들이 평생 같은 문제로 끊임없이 괴롭힘을 당하고도 맥을 못 추는 이유가 바로 이것 때문이다. 그들은 그 문제를 다룰 수 있도록 도와주시는 성령의 계시와 권능을 간절히 원하지 않는다.

요새, 지지대, 성곽, 웅장한 성채와 산성 같은 견고한 진들을 생각해 보라. 생각과 의지와 감정(우리의 혼)의 영역 안에 자리 잡은 원수의 진지들 혹은 전초 기지들은 여호와의 산을 향해 달려가는 우리의 걸음을 방해하고 훼방한다.

견고한 진들은 마귀 자체가 아니라 마귀적인 이념이나 교리들, 곧 세상의 사고방식이다. 그것은 타인에 대해 인식하지 못하는 자기중심적 사고나 자신과 하나님에 대한 잘못된 개념이 될 수 있는데, 예컨대 범죄나 고백하지 않은 죄의 문제들이다. 우리에게는 성령의 조명을 받아야만 하는 혼의 영역이 있다. 이곳에 자리 잡은 견고한 진들이 우리의 삶을 향한 예수님의 역사를 방해한다는 사실을 기억해야 한다.

진(요새)은 외부인이 내부로 들어오지 못하도록 세운 것이다. 어쩌면 당신은 과거에 사람들로부터 깊은 상처를 받았을 것이다. 우리 중 대다수는 적어도 한 번은 이런 경험이 있을 것이다. 누군가가 침범해 들어오는 것을 막기 위해, 심지어 성령의 빛과 사랑조차 거부하도록 당신의 혼의 영역을 에워싸고 있는 견고한 진이 있는가?

감옥은 내부인이 외부로 나가지 못하도록 세운 것이다. 당신이 도망쳐 나오지 못하도록 당신 자신을 가둬 버린 이전의 죄나 허물이 있는가?

이제 구금에 관해 말해 보자. 이것은 우리가 길을 따라 앞으로 전진해가는 것을 막는다. 그리고 주님의 은밀한 곳으로 들어가지 못하도록 우리를 억류하는 것이기도 하다. 이런 것들이 바로 견고한 진들이다. 이것은 우리가 성령의 계시를 받는 것 대신 땅의 생각에 매이게 한다. 야고보서 3장 15절은 다음과 같이 말한다. "이러한 지혜는 위로부터 내려온 것이 아니요 땅 위의 것이요 정욕의 것이요 귀신의 것이니."

이것은 거룩의 대로를 걷는 우리를 대적하는 사탄의 전략이다. 사탄은 우리가 성령의 통치를 받는 대신 우리의 생각 속에 강력한 거짓말을 심음으로써 생각과 감성의 고지를 차지한 후 우리를 통제하려 한다. 그는 우리의 평강을 빼앗기 위해 수단과 방법을 가리지 않는다.

우리는 원수가 우리의 영을 건드릴 수 없음을 잘 알고 있다. 그러나 사탄은 우리의 자존감과 자아상을 파괴하기 위해 요새나 감옥처럼 보이지 않는 두꺼운 벽을 세우고자 힘쓴다. 혹은 우리의 생각 속에 높고 희미한 탑이나 성곽을 세워 성령의 인도함을 받지 못하도록 마음을 분산시키려 한다. 생각 속에 세워진 거룩하지 못한 견고한 진은 우리가 육의 눈을 닫고 성령의 인도하심에 의지하는 삶을 살기보다 육체를 따라 발등 앞에 놓인 불을 끄는 삶만 추구하도록 부추긴다. 이러한 것들이 바로 견고한 진들이다. 그것은 즉시 무너지지 않는다. 우리가 삶 가운데 예수 그리스도의 현대적 축사 사역으로 새롭게 빚어지는 과정을 통해 무너진다.

원수는 우리에게 정신적·영적 쇠빗장을 걸어서 속박의 환영을 통해 우리의 인생을 보도록 생각 속에 덫을 놓으려 한다. 견고한 진들은 우리를 대적하는 정신적·감정적 공격들로, 오직 성령의 권능만이 그것을 완전히 파쇄할 수 있다. 캐롤 박사는 기본적인 견고한 진에 이성적인 진과 비이성적인 진 두 가지가 있다고 하였다.

이성적 견고한 진은 생각 속에서 벌어지는 논리적 사고 과정과 관련이 있다. 지금 나는 생각하는 것이 견고한 진이라고 말하는 것이 아니다. 성령의 조명을 받지 않은 결함 많은 이성이 타락한 육신의 세계가 지존자의 은밀한 곳이 있는 하늘의 세계보다 더 좋다고 잘못 생각할 수 있다는 말이다. "늘 그렇게 해왔기 때문에 저는 도저히 바꿀 수가 없어요." 어떤 사람은 이렇게 말할 것이다. "저는 중독을 타고 났어요. 그래서 알코올중독자가 됐어요." 이렇게 생각하면 타인에 대해 인식하지 못하는 자기중심적 사고가 생겨서 이 땅에 묶인 영이 성령님을 향해 나아가는 것을 방해한다.

하나님 아는 것을 대적하여 높아진 것과 상상imaginations을 다 무너뜨리고 모든 생각을 사로잡아 그리스도에게 복종하게 하니 (고후 10:5, KJV)

뉴킹제임스역은 킹제임스역의 상상을 논쟁으로 번역했는데, 이것이 현대 독자들에게 보다 더 적합한 것 같다. 왜냐하면 상상이란 단어는 공상 속에 지어낸 창작물 같은 느낌을 주기 때문이다. 어린이들은 우주인이나 공주가 되는 상상을 한다. 그러나 헬라어 로기스모스

logismos는 '추산, 계산, 그리스도인의 믿음에 대적하는 이성, 판단이나 의지적 결정'을 뜻하며 '추산하다, 세다, 계산하다, 논리적으로 판단하다, 숙고하다'라는 의미다. 우리는 이 단어가 '논리'의 어원임을 쉽게 추론할 수 있다.

> 하나님을 알되 하나님을 영화롭게도 아니하며 감사하지도 아니하고 오히려 그 생각(상상, KJV)이 허망하여지며 미련한 마음이 어두워졌나니 (롬 1:21)

뉴킹제임스역은 다시금 이 단어 상상을 '헛된 생각들'로 번역하였다. 여기서 사용한 헬라어 디아로기스모스dilogismos는 '스스로 신중히 생각하는'이라는 뜻으로 '내적으로 생각하다, 진리가 무엇인지 질문하다, 주저하다, 의심하다, 토의하다, 논쟁하다'라는 의미다. 내적으로는 '사색과 심사숙고를 통해 스스로 토론하다'라는 뜻이며, 외적으로는 '서로 간에 논쟁하다'라는 뜻이다. 바로 여기에서 대화dialogue라는 영어 단어가 파생되었다.

여기에서 사용된 '상상'은 생각 속에 자리 잡은 모든 거짓말을 주무를 수 있는 이성의 견고한 진으로 발전할 수 있다. 원수는 이것을 통해 하나님을 향한 우리의 순종과 믿음을 다스리고 조종하려고 할 것이다. 말 그대로 원수는 우리의 사고방식을 통제하기 시작한다. 그러면 우리의 생각이 결국 우리를 통제하게 될 것이다!

비이성적인 견고한 진은 심지어 일어나지도 않은 일들에 대한 두려움과 염려를 갖게 한다. 다음과 같이 벌어지지도 않을 잠재적 일들에 대한 생각에 사로잡히게 하는 것이다. '불치병에 걸려 일찍 죽으면 어떻게 하지?' '엄마처럼 나도 중독에 빠지진 않을까?'

이성적·비이성적인 견고한 진을 무너뜨리고 파쇄할 유일한 방법은 우리 스스로 우리의 의지를 성령님께 드림으로 생각과 감정 속에 역사하시는 성령의 강력한 능력을 받는 것이다. 그 전투는 영적인 싸움이지만, 실제로는 우리의 생각에서 일어난다. 바로 이런 싸움이 축사의 한 형태인데, 이것은 스네이크 라인 너머를 향한 우리의 여정에 매우 중요하다. 감사하게도 주님께서 우리의 병기고에 두신 무기들은 원수를 충분히 이기고도 남을 정도다. 주님께서 우리에게 묶고 푸는 권세를 주셨기 때문이다.

묶고 푸는 권세

마태복음 16장에서 베드로는 예수님을 하나님의 아들과 그리스도(기름부음 받은 자)로 고백한다. 주님은 베드로에게 오직 아버지께서 이것을 계시해 주실 수 있다고 말씀하신다. 이 주제에 대해 다른 곳에서 이미 많이 다루었지만, 예수님께서 19절에 언급하신 하나님 나라의 열쇠인 '묶고 푸는 권세'에 대해 다시 다룰 필요가 있다고 생각한다. 그 권세는 예수님께서 그분의 교회를 세우신 반석에 대한 계시에 뿌리를 두고 있다. 그것은 마치 예수님께서 베드로에게 "너는 나의 기름부음에 대한 계시를 풀어놓고 있단다. 그리고 이것은 이 땅에 그 기름부음을 풀어놓는 열쇠란다"라고 말씀하시는 것 같다.

이 계시의 말씀 "주는 그리스도시요 살아계신 하나님의 아들이십니다"는 세 가시로 구성되어 있다. 우리는 그리스도의 뜻이 '기름부음 받은 자'라는 것을 알고 있다. 그리고 아들이나 딸은 부모를 통해 기도와 훈련을 받고, 훈계와 양육을 거쳐 당당하고 의로운 사람으로 성장한다. 사람들은 성숙의 과정 가운데 장성한 아들이나 딸이 스스로 훈련할 수 있는 도구와 토대를 지니게 되기를 기대한다.

우리는 하늘 아버지, 곧 하나님의 자녀이기 때문에 아버지께서는 육신의 부모가 자녀를 돌보듯 우리를 올곧게 만들어 가신다(잠 3:12, 히 12:6). 살아 계신 하나님, 우리 아버지는 창조적이신 분이다. 그분의 입에서 나오는 말씀만으로 모든 생명을 만드신다.

따라서 척 플린 박사의 말대로, 기름부음이 우리에게 임하는 것은 특정 상황 속에서 우리가 스스로 창조적으로 선포하도록 훈련하고, 갇힌 자들을 자유롭게 하기 위함이다. 그리스도의 통치 아래 기름부음을 받고 훈련을 잘 받으면, 우리는 어떤 견고한 진도 맞서 싸울 수 있고 하나님 나라의 창조적 능력을 풀어 낼 수 있다. 또한 우리가 스네이크 라인 너머로 가지 못하도록 막는 모든 장애물들을 묶을 수 있다.

그것은 마치 예수님께서 다음과 같이 말씀하시는 것과 같다. "너희가 여기 이 땅에서 무엇을 금하든지 내가 하늘에서 든든히 지원해 주고 그것을 금할 것이다." 이 말은 무엇이든지 하늘에서 이미 금지되었다는 뜻이다. 반대로, "너희가 이 땅에서 무엇이든지 허용하면, 나는 하늘을 열어 그것을 너희에게 내려보내 줄 것이다"라는 말은 무엇이든지 하늘에서 이미 풀어졌다는 뜻이다.

반면 당신이 이 말씀의 다른 면이 있다는 것을 염두에 두길 바란다. 그것은 바로 우리가 묶고 푸는 것과 관련된 부정적인 면을 종종 간과한다는 것이다. 우리가 육신의 이름으로 땅에서 무엇이든지 허용하면(풀면), 주님도 원수가 세상의 활동을 하도록 허용하실 것이다. 우리가 먼저 문을 열어 준다면, 예수님은 그 문을 닫지 않으실 것이다. 반대로 우리가 우리의 삶 속에 역사하시는 성령의 자유의 이름으로 땅에서 무엇이든지 금하면(묶으면), 예수님은 우리에게 그것을 허용하라고 강요하지 않으실 것이다. 사람들은 종종 스스로 자신을 묶어 놓고선 마귀를 묶으려고 안간힘을 쓴다. 그러나 그것은 전혀 효력이 없다.

묶고 푼다는 개념은 우리의 자유의지에 근거한다. 하나님은 우리에게 선악 간에 활동하거나 혹은 하지 않을 능력을 주셨다. 이 말이 다소 강해 보일 수도 있지만, 여기에 단명(短命)에 관한 한 가지 진리를 보여 준다. 그런 일은 사람이 하지 말아야 할 것을 계속 의지적으로 하거나 혹은 반드시 해야 할 것을 의도적으로 하지 않을 때 벌어질 수 있다. 이것은 완전히 결정된 말은 아니다. 하지만 우리는 묶고 푸는 것에 관한 이런 진리를 아는 지식에까지 반드시 자라가야 한다. 우리가 하지 말아야 할 것을 하거나 혹은 해야 할 것을 하지 않음으로써 우리의 삶 속에 역사하시는 예수 그리스도의 사역에 장애물이 되어서는 안 된다.

이것을 묵상할 때, 당신의 생각 전반에 항상 이것을 마음에 새겨야 한다. 나는 삶 속에 허용했던 습관적인 죄나 성령의 역사를 거부하는 것에 관해 특별히 강조하고 싶다.

많은 사람들이 한두 번 실수를 하면 귀신이 역사한다고 믿는다. 하지만 항상 그런 것은 아니다. 하나님 밖에서 어떤 경솔한 행동을 했을 때, 우리가 마귀에게 어떤 문을 열어 줄지는 아무도 모른다. 그러므로 이것을 무엇이든 마음대로 해도 된다거나 아무 문젯거리가 아닌 것처럼 생각하지 말라. 만일 우리가 우리의 죄를 (속히 그리고 간절하게) 고백하고 회개한 후 전심으로 주님을 따르기 위해 노력한다면, 신실하신 주님은 우리 죄를 용서해 주시고 우리의 불의를 깨끗하게 씻어 주신다(요일 1:9). 하나님을 찬양하라!

반복적으로 범하는 죄로 인해 하나님을 향한 우리의 마음은 완고해지고, 성령님에 대해서는 냉담해진다. 그리고 이것을 그대로 방치하면, 우리의 양심이 화인을 맞을 수 있다. 그러면 우리는 더 이상 옳은 것과 그릇된 것을 분별할 수 없게 된다. 바로 이때 원수가 합법적인 무단침입을 통해 우리를 압제한다.

하나님을 향해 부드러운 마음을 갖고, 죄에 대해서는 저항하는 것을 습관화하라. 만일 넘어진다면, 신속히 그리고 정직하게 회개하라. 그렇게 하면 장래에 축사 사역을 받을 필요가 없다.

만일 우리가 지속적으로 일정 기간 동안 육적인 행동을 함으로 원수가 우리를 괴롭힌다 해도, 우리에게는 여전히 그것으로부터 돌이킬 수 있는 의지력이 있어서 여호와의 산을 향한 여정을 계속 진행할 수 있다.

그리스도께서 이미 사탄을 이기셨기 때문에 우리에게는 사탄이 우리를 압제하기 위해 사용하는 견고한 진들을 무너뜨릴 수 있는 권세가 있다. 우리가 묶은 다음에는 풀어야 할 필요도 있다. 그리스도께서 우리에게 위임하신 권세를 사용하는 것은 매우 중요하다.

묶고 푸는 것에 관한 이 계시 안에는 여러 가지 원리들이 내포되어 있다. 그중 하나는 선포다. "너희는 나를 누구라 하느냐?"(마 16:15) 예수님께서 제자들에게 이렇게 물으셨을 때, 주님은 하나님의 그리스도, 아버지의 독생자로서 그분이 가지고 계신 권세를 우리가 이해하고 선포하는 것이 얼마나 중요한지 알려 주신 것이다. 우리가 그분의 권세를 큰 소리로 선포할 때, 복음과 예수 그리스도의 증거가 그분 안에 내재된 권세를 실행시킨다.

선포에 이어서 우리는 말 속에 찬양을 포함시켜야 한다. "그들의 입에는 하나님에 대한 찬양이 있고 그들의 손에는 두 날 가진 칼이 있도다"(시 149:6). 우리의 찬양에도 묶고 푸는 권세가 있다. 하나님께 마땅히 돌려야 할 찬양을 도둑질하지 말아야 함을 명심해야 하듯, 말라기 3장 8-12절에 근거한 십일조에 대한 축복의 약속이 있다는 것도 반드시 기억해야 한다.

나아가 이사야 10장은 가난한 자와 과부와 고아들을 착취하며 불의한 말을 기록하는 자들(1절)에 관해 말한다. 10장은 앗수르의 오만함에 대해 기술하는데, 주님께서는 그들의 재물을 탈취하겠다고 선포하신다(13절).

묶고 푸는 권세를 실행하기 위한 정결의 법칙이 있다. 구원을 구하기 전에 우리의 불의한 행동을 바로잡을 필요성을 인식하는 겸손함이 참으로 중요하다. 우리 자신이 묶여 있으면서 마귀를 묶고자 한다면 아무런 효과가 없을 것이다. 정결과 겸손의 중요성에 관한 보다 자세한 내용은 《전경을 보는 선견자》Panoramic Seer를 참고하라.

기도, 특별히 합심 기도는 묶고 푸는 권세에 있어서 매우 중요한 요소다.

진실로 너희에게 이르노니 무엇이든지 너희가 땅에서 매면 하늘에서도 매일 것이요 무엇이든지 땅에서 풀면 하늘에서도 풀리리라 진실로 다시 너희에게 이르노니 너희 중의 두 사람이 땅에서 합심하여 무엇이든지 구하면 하늘에 계신 내 아버지께서 그들을 위하여 이루게 하시리라 두세 사람이 내 이름으로 모인 곳에는 나도 그들 중에

있느니라 (마 18:18-20)

20절은 서로의 짐을 함께 져주는 개인의 중요성을 잘 보여 준다. 우리는 서로가 필요하다! 만일 당신이 하나님 앞에서 축사의 은혜를 구한다면, 이 말씀에 대한 반응을 보여야 한다. 우리를 돌보아 주는 사람들은 묶을 것을 보면 묶어 주고, 풀 것을 보면 풀어 줌으로써 우리에게 힘을 실어 줄 것이다.

지금까지 언급한 요소들과 더불어 하나님의 임재의 중요성을 결코 간과할 수 없다. 주님은 우리가 주의 이름으로 모이면 그 가운데 함께하시겠다고 약속하신다. 우리가 축사 사역을 할 때, 주님의 가시적인 임재를 구하는 것을 잊지 말아야 한다.

종종 어떤 영을 묶기 위해 거기에 상응하는 영을 풀어 줄 필요가 있다. 이 영역에 대해서는 라파 사역의 캐롤 박사가 편찬한 생각의 견고한 진들에 관한 목록이 많은 도움이 될 것이다. 특별히 악한 영들을 파쇄하기 위해 묶고 풀어야 할 영들을 잘 알려 준다. 나의 견해와 더불어 캐롤 박사의 허락을 받아 그녀의 자료를 여기에 소개한다.

요한일서 4장은 적그리스도의 영이 세상에서 이미 역사하고 있다고 선포한다. 사도 요한은 적그리스도를 예수 그리스도께서 육신을 입고 오신 하나님이심을 고백하지 않는 것으로 정의한다(요일 2:18, 22). 적그리스도는 '기름부음을 대적한다'anti-anointing는 뜻으로, 예수님을 부인하거나 그분의 주 되심 거부하는 적그리스도의 영에 속한다.

예수 그리스도의 현대적 축사 사역의 또 다른 면은 누군가의 삶 속에 역사하는 적그리스도의 영을 묶고 난 다음 바로 그 자리에 주의 영을 풀어 주는 것이다.

> 만일 너희 속에 하나님의 영이 거하시면 너희가 육신에 있지 아니하고 영에 있나니 누구든지 그리스도의 영이 없으면 그리스도의 사람이 아니리 (롬 8:9)

이 땅에 있는 누군가 혹은 무언가에 대해 노예 상태로 머문다면, 그것은 결박의 영이 역사하는 견고한 진이라고 할 수 있다. 이것은 육체뿐만 아니라 정신과 감정, 관계, 인종 분쟁, 심지어 종교 중독을 포함한 모든 종류의 중독을 말한다. 이 모든 것은 반드시 주님께 복종해야 한다. 감사하게도 결박의 영을 묶는 것은 양자의 영을 풀어 주는 길을 열어 준다.

> 너희는 다시 무서워하는 종의 영을 받지 아니하고 양자의 영을 받았으므로 우리가 아빠 아버지라고 부르짖느니라 (롬 8:15)

우리는 그 누구의 종도 아니다. 우리는 하나님의 아들과 딸이며 그리스도와 함께하는 상속자다! 우리는 원수의 모든 역사에 맞서 싸우기 위해 반드시 우리의 의지를 사용하여 성령의 권능으로 행해야 한다. 또한 우리는 거짓 영의 역사와 영향력을 거부해야 한다(디모데전서 4장 초반부를 보라). 하나님의 말씀의 진리를 받지 않거나 세상의 교리들과 씨름하는 사람들은 종종 거짓이나 미혹의 영에 대한 축사를 받을 필요가 있다.

한 가지 감사한 것이 있는데, 다음의 말씀에 잘 표현되어 있다. "우리는 하나님께 속하였으니 하나님을 아는 자는 우리의 말을 듣고 하나님께 속하지 아니한 자는 우리의 말을 듣지 아니하나니 진리의 영과 미혹의 영을 이로써 아느니라"(요일 4:6).

우리가 풀어야 할 것은 다름 아닌 진리의 영이다. "그는 진리의 영이라 세상은 능히 그를 받지 못하나니 이는 그를 보지도 못하고 알지도 못함이라 그러나 너희는 그를 아나니 그는 너희와 함께 거하심이요 또 너희 속에 계시겠음이라"(요 14:17).

디모데후서 1장 7절에 의하면, 이 세상에는 두려움의 영이 존재한다. 이 영은 모든 종류의 공포, 인격 장애, 수동적·공격적 행동 그리고 그와 유사한 것들을 말한다. 그러나 하나님은 우리에게 건전한 생각과 능력과 사랑의 성령을 주셨다. 우리는 생각의 견고한 진 대신 주님의 견고한 진 안으로 들어가는 길을 추구해야 한다.

교만은 반드시 묶어야 할 영이다. "교만은 패망의 선봉이요 거만한 마음은 넘어짐의 앞잡이니라 겸손한 자와 함께 하여 마음을 낮추는 것이 교만한 자와 함께 하여 탈취물을 나누는 것보다 나으니라"(잠 16:18-19). 어떤 형태든 자기만 중요하다고 생각하고 특별히 다른 사람들을 존중하지 않는 것은 하나의 견고한 진이다. 지나치게 공격적인 성향을 보이거나 다른 사람을 조종하거나 비판하는 사람들에게는 겸손의 영을 풀어야 한다. 온유와 절제는 분명한 성령의 열매다(갈 5:23).

> 그러므로 모든 더러운 것과 넘치는 악을 내버리고 너희 영혼을 능히 구원할 바 마음에 심어진 말씀을 온유함으로 받으라 (약 1:21)

> 진실로 그는 거만한 자를 비웃으시며 겸손한 자에게 은혜를 베푸시나니 (잠 3:34)

> 주 앞에서 낮추라 그리하면 주께서 너희를 높이시리라 (약 4:10)

> 지극히 존귀하며 영원히 거하시며 거룩하다 이름하는 이가 이와 같이 말씀하시되 내가 높고 거룩한 곳에 있으며 또한 통회하고 마음이 겸손한 자와 함께 있나니 이는 겸손한 자의 영을 소생시키며 통회하는 자의 마음을 소생시키려 함이라 (사 57:15)

이사야 61장 초반부에서 주님은 모든 슬퍼하는 자에게 무겁게 누르는 영을 이길 찬송의 옷을 주셔서 그들을 위로하신다. 그리스도인을 포함한 많은 사람들이 매일의 결정 사안에 대해 지혜롭게 행동할 수 있는 평강이 부족하다. 생각 속에 파고든 공허함과 적막함, 그칠 줄 모르는 불안과 절망은 사람들에게 실의와 패배감을 주고 삶의 균형을 잃게 만든다. 이것은 수많은 사람들의 삶 속에 존재하는 견고한 진이다. 감사하게도 성령의 능력은 하나님의 자녀로 하여금 기쁨과 평강을 주는 소망으로 충만하게 한다.

> 소망의 하나님이 모든 기쁨과 평강을 믿음 안에서 너희에게 충만하게 하사 성령의 능력으로 소망이 넘치게 하시기를 원하노라 (롬 15:13)

> 내 영혼아 네가 어찌하여 낙심하며 어찌하여 내 속에서 불안해 하는가 너는 하나님께 소망을 두라 그가 나타나 도우심으로 말미암아 내 하나님을 여전히 찬송하리로다 (시 43:5)

어떤 사람은 시기의 영을 묶고 사랑의 영을 풀어야 한다. 시기심은 무언가(혹은 누군가)를 자기 것으로 만들고자 하는 과도한 욕망이다. 하나님은 출애굽기 34장 14절에서 자신의 이름을 질투(시기)의 하나님이라고 말씀하신다. "너희는 하나님이 우리 속에 거하게 하신 성령이 시기하기까지 사모한다 하신 말씀을 헛된 줄로 생각하느냐"(약 4:5). 그러나 우리가 다루는 시기의 견고한 진은 우리가 주님을 향해 마땅히 가져야 할 합당한 질투의 부정적이고 왜곡된 면이다. 이런 부정적인 시기심은 의심, 경쟁심, 적대감, 불쾌함과 분노로 인한 쓴 마음으로부터 기인한다. 그리고 그것은 싸움, 거친 감정의 폭발, 중상모략으로 표출된다.

주님의 질투에 뿌리를 둔 사랑은 그와 완전히 반대다. 사랑의 영을 풀어놓으면, 우리는 주님의 질투하는 마음에 견고히 뿌리를 내리게 된다. 이 땅에서 그 무엇도 주님과 비교할 수 없다. 따라서 우리는 주님 외에 다른 것을 갈망하지 않는다.

> 하늘에서는 주 외에 누가 내게 있으리요 땅에서는 주 밖에 내가 사모할 이 없나이다 (시 73:25)

이사야 19장 14절에서 주님은 '비뚤어진 영'(한글 성경은 '어지러운 마음'으로 번역 – 역자 주)을 애굽 사람들에게 섞으심으로 그들이 시도하는 모든 것은 술 취한 자가 토하고 비틀거리는 것과 같다고 말씀하신다. 생각만 해도 역겨운 장면이 아닌가? 비뚤어짐을 아주 단순하게 설명하자면, 인간의 본성과 상반되는 반항, 완고함, 고집이다. 그것은 의지적 행동과 거역의 부산물을 내포하며 동성애처럼 탈선 행동으로 나타난다.

성령의 능력은 하나님의 말씀에 계시된 진리에 우리가 순종할 수 있게 한다. "너희가 진리를 순종함으로 너희 영혼을 깨끗하게 하여 거짓이 없이 형제를 사랑하기에 이르렀으니 마음으로 뜨겁게 서로 사랑하라"(벧전 1:22). "그리스도를 경외함으로 피차 복종하라"(엡 5:21).

게으름은 인사불성이나 나태함의 영에 뿌리를 둔 견고한 진이다. 이사야 29장 9-11절은 그것을 "깊이 잠들게 함으로 눈멀게 하는 영"이라고 부른다. 이런 종류의 사고방식은 열의가 없는 무기력함과 성령의 일에 대한 냉담함과 주님께서 삶 가운데 하시고자 하는 일들에 대해 안일하게 반응하도록 만든다. 또한 사람을 혼수상태에 빠진 것처럼 무관심하게 만들고, 주님께서 부여하신 각자의 위치에 전혀 흥미를 두지 못하게 한다.

나는 그동안 저술한 여러 책을 통해 하나님의 기적이 이런 미지근하고 축 늘어진 사람들을 흔들어 일깨워 열정의 영을 풀어 준다는 것을 알려 왔다. 이것이 바로 내가 표적과 이적이 따르는 예수 그리스도의 현대 사역을 과소평가하는 그리스도인들을 향해 경고하는 이유다. 마치 자신이 충분히 성장했기 때문에 더 이상 그런 것이 필요 없는 것처럼 행동하고 있지는 않은가? 그런 태도는 모든 세대를 지루하고 감격이 전혀 없는 상태로 만들어 버렸다.

열정과 열심은 기적의 부산물이다. 우리가 주님을 향한 최고의 열정의 불을 계속 지피도록 돕는 것은 우리의 일상 속에 나타나는 하나님의 권능이다. "부지런하여 게으르지 말고 열심을 품고 주를 섬기라"(롬 12:11).

> 그의 신기한 능력으로 생명과 경건에 속한 모든 것을 우리에게 주셨으니 이는 자기의 영광과 덕으로써 우리를 부르신 이를 앎으로 말미암

음이라 이로써 그 보배롭고 지극히 큰 약속을 우리에게 주사 이 약속으로 말미암아 너희가 정욕 때문에 세상에서 썩어질 것을 피하여 신성한 성품에 참여하는 자가 되게 하려 하셨느니라 그러므로 너희가 더욱 힘써 너희 믿음에 덕을, 덕에 지식을, 지식에 절제를, 절제에 인내를, 인내에 경건을, 경건에 형제 우애를, 형제 우애에 사랑을 더하라 이런 것이 너희에게 있어 흡족한즉 너희로 우리 주 예수 그리스도를 알기에 게으르지 않고 열매 없는 자가 되지 않게 하려니와 (벧후 1:3-8)

이것은 베드로가 알려 준 필수 목록이다. 하지만 정확히 어떻게 우리의 믿음에 근면과 성실함 없이 이 모든 목록을 더할 수 있겠는가? 만일 우리가 영적으로 나태하다면, 어떻게 열정의 영을 유지할 수 있겠는가? 이런 무기력의 영을 산산조각 내기 위해서는 우리의 삶 가운데 예수님의 권능을 풀어내야 한다.

마지막으로 다루고 싶은 견고한 진은 음란의 영이다. 이 단어는 모든 나쁜 평판을 가진 개념들을 떠오르게 만드는 아주 센 단어다. 하지만 여기에서 주님은 그것을 특별히 우상 숭배, 즉 다른 연인에게 몸을 파는 매춘으로 간주하신다. 하나님께서는 이것에 관해 결코 돌려서 말씀하지 않으신다. 그러므로 우리도 그렇게 해야 한다.

내 백성이 나무에게 묻고 그 막대기는 그들에게 고하나니 이는 그들이 음란한 마음에 미혹되어 하나님을 버리고 음행하였음이니라 …

그들의 행위가 그들로 자기 하나님에게 돌아가지 못하게 하나니 이는 음란한 마음이 그 속에 있어 여호와를 알지 못하는 까닭이라 (호 4:12, 5:4)

주술행위, 마법, 혼령술, 이교도, 마녀요술, 흑마술, 백마술, 저주, 주문, 그리고 이런 부류에 속한 모든 것들과 나아가 우리의 삶 가운데 하나님을 두 번째 자리로 밀어내는 모든 것은 우상숭배다. 어쩌면 당신은 이렇게 생각할지도 모른다. '저는 손금을 봐주는 사람이나 심령술사들과 어울리지 않아요!' 하지만 성경은 세상의 시스템과 맺는 어떤 형태의 우정도 일종의 영적인 간음이라고 말한다.

간음한 여인들아 세상과 벗된 것이 하나님과 원수 됨을 알지 못하느냐 그런즉 누구든지 세상과 벗이 되고자 하는 자는 스스로 하나님과 원수 되는 것이니라 (약 4:4)

심지어 아무리 좋은 의도라 할지라도 우리가 하나님의 사랑을 떠난다면, 하나님께 계속 충성할 수 없다. 우리는 단지 그분의 사랑에 보답하는 사람일 뿐이다. "우리가 사랑함은 그가 먼저 우리를 사랑하셨음이라"(요일 4:19). 이 말씀은 우리가 음녀와 어울릴 때조차 주님이 우리를 향한 사랑을 결코 멈추지 않으신다는 뜻이다. 얼마나 놀라운 우리의 신랑이신가?

견고한 진들을 무너뜨리려면, 성령께서 우리의 삶을 마음껏 다스리시도록 우리 자신을 내어 드려야 한다. 우리는 그분이 우리 가운데 심판과 타오르는 불의 영을 마음껏 풀어놓으시도록 허락해 드려야 한다.

이는 주께서 심판하는 영과 소멸하는 영으로 시온의 딸들의 더러움을 씻기시며 예루살렘의 피를 그 중에서 청결하게 하실 때가 됨이라 (사 4:4)

그가 임하시는 날을 누가 능히 당하며 그가 나타나는 때에 누가 능히 서리요 그는 금을 연단하는 자의 불과 표백하는 자의 잿물과 같을 것이라 그가 은을 연단하여 깨끗하게 하는 자 같이 앉아서 레위 자손을 깨끗하게 하되 금, 은 같이 그들을 연단하리니 그들이 공의로운 제물을 나 여호와께 바칠 것이라 (말 3:2-3)

요한이 모든 사람에게 대답하여 이르되 나는 물로 너희에게 세례를 베풀거니와 나보다 능력이 많으신 이가 오시나니 나는 그의 신발끈을 풀기도 감당하지 못하겠노라 그는 성령과 불로 너희에게 세례를 베푸실 것이요 (눅 3:16)

이분이 우리의 신랑, 우리의 왕이시다! 이것이 바로 예수 그리스도의 현대적 축사 사역이다! 그분은 강한 용사이시며, 전쟁을 준비하도록 그의 신부를 단련하고 계신다.

견고한 진들은 마귀 자체가 아니라 마귀적인 이념이나 교리들, 곧 세상의 사고방식이다. 그것은 타인에 대해 인식하지 못하는 자기중심적 사고나 자신과 하나님에 대한 잘못된 개념이 될 수 있는데, 예컨대 범죄나 고백하지 않은 죄의 문제들이다. 우리에게는 성령의 조명을 받아야만 하는 혼의 영역이 있다. 이곳에 자리 잡은 견고한 진들이 우리의 삶을 향한 예수님의 역사를 방해한다는 사실을 기억해야 한다.

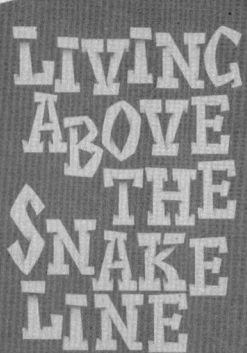

우리의 싸우는 무기는 육신에 속한 것이 아니요 오직 어떤 견고한 진도 무너뜨리는 하나님의 능력이라 모든 이론을 무너뜨리며 (고후 10:4)

전쟁
준비

Chapter 5

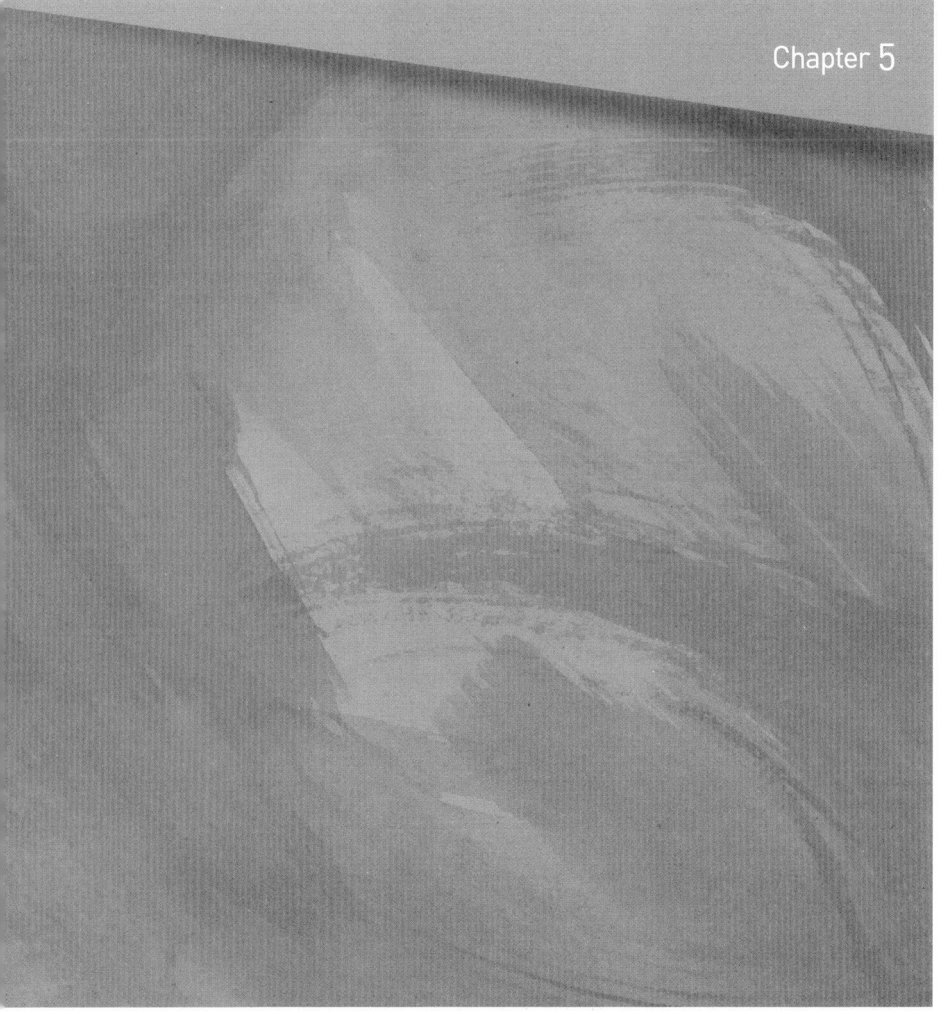

Chapter 5

고린도후서 10장 4절에 기록된 '무기'의 헬라어는 전쟁을 대비해서 준비한 도구나 기구를 의미한다. 성경에서는 이 단어가 두 차례 갑옷으로 번역되었다(롬 13:12, 고후 6:7).

'전쟁'의 헬라어 스트라테이아strateia에서 전략strategy이라는 영어 단어가 나왔다. 또한 바울이 디모데에게 예언을 따라 선한 싸움을 싸우라고 할 때(딤전 1:18) 동일한 단어를 사용하는데, 이것 역시 원수를 맹공격할 때 예언적 계시가 필요하다는 것을 암시한다. 스트라테이아는 군사작전이나 탐험을 뜻하며, 전장에서 사령관의 지시에 따라 작전 임무를 수행하는 군인이란 뜻에 뿌리를 두고 있다. 다시 말해서, 그것은 군인에게 임무를 완성하라는 지시와 명령이다. 영적 측면에서 이 모든 것은 성령의 인도하심을 따라 그분의 지시를 정확히 따른다는 뜻을 함축한다.

따라서 우리의 전략적 도구들은 육신에 속한 것이 아니라고 할 수 있다. 헬라어 사르키코스sarkikos는 육체와 관련이 있다는 뜻이다. 이 단어는 하나님의 통치를 받는 것과 반대되는 동물적 본성에 따라 동물적 욕구의 지배를 받는 것을 말한다. 이 단어의 어근은 정확히 '고기'이다. 즉, 뼈를 덮고 피가 스며든, 껍질을 벗긴(문자 그대로 말끔하게 발라낸) 고기를 말한다.

이 단어는 (비록 이런 뜻을 부분적으로 분명히 내포하고 있지만) 언제나 인간 본성의 타락만을 의미하지는 않는다. 그것은 정신적인 활동, 이성적 기능, 인간의 노력을 포함한다. 한마디로 우리의 자연적인 재능을 뜻하기 때문에 항상 부정적인 것만은 아니다. 하나님은 우리에게 뇌와 물리적인 힘을 주셔서 그 능력을 사용하도록 하셨다!

하지만 견고한 진의 문제를 다룰 때에는 인간의 육체만 가지고는 한계가 있다. 견고한 진을 무너뜨리기 위해서는 하나님의 능력 안에 있는 강력한 무기와 전략이 필요하다. 여기에 또 다른 흥미로운 헬라어 단어 카타이레시스cathairesis가 등장한다. 누군가는 비슷한 발음의 카타르시스catharsis를 떠올리겠지만, 이 헬라어는 '청소하다, 정결하게 하다, (몸을) 깨끗하게 하다'라는 뜻을 가지고 있다. 반면, 카타이레시스는 파괴를 뜻한다. 신약에서 이 단어는 '파멸'로 번역되었으며, 비유적으로는 '멸종'을 뜻한다.

여리고 성은 영적인 무기에 의해 무너졌다(수 5-6장). 이 사건은 약속의 땅을 차지하기 위해 준비하는 우리에게 놀라운 메시지를 제공한다. 우리의 여호수아인 예수님은 우리가 우리의 유업을 차지할 수 있도록 원수의 권세를 무너뜨리셨다. 여리고 성의 함락을 가져온

두 가지 주요 무기를 주목해 보자. 그것은 바로 함성과 행진이다. 함성은 입을 통해 하나님의 능력을 풀어 주었다. 행진은 순종 안에서 공격적으로, 질서 있게, 흔들림 없이, 지칠 줄 모르고 걷는 것이다. 그것은 마치 우리가 여호와의 산에 오르는 길을 걸어가는 것과 같다.

> 내가 너희의 조상 아브라함과 이삭과 야곱에게 맹세하여 그들과 그들의 후손에게 주리라 한 땅이 너희 앞에 있으니 들어가서 그 땅을 차지할지니라 (신 1:8)

견고한 진을 무너뜨리는 것은 우리의 내면, 넓게는 세상에 형성된 요새들을 파괴하는 것이다. 이 두 영역 안에 있는 원리는 모두 가치가 있지만, 나는 먼저 내면을 다스리기 전에는 외면을 다스릴 수 없다는 점을 강조하고 싶다. 종종 선한 의도를 가진 그리스도인들이 자신의 땅을 정복하기 전에 세상의 견고한 진들을 무너뜨리려고 노력한다. 하지만 그것은 원수가 몰래 들어올 수 있는 뒷문을 열어 주는 것과 같다. 핵심은 다른 것을 차지하기 전에 먼저 자신의 땅을 차지하는 것이다.

만일 싸움이 없다면, 왜 하나님께서 우리에게 무기들을 주려 하시겠는가? 우리는 승리하신 주님께서 사탄의 능력을 산산조각 내셨다는 것을 잘 알고 있다. 그럼에도 불구하고 우리는 여전히 우리의 권리를 필히 사용해야 한다. 다시 말해서, 이미 얻은 승리를 반드시 유지해야 한다. 우리는 하나님의 능력과 그분의 말씀에 대한 신뢰를 공격하는 원수의 맹공에 맞서 싸운다.

우리는 여호수아가 받은 약속을 적용해야 한다. "내가 모세에게 말한 바와 같이 너희 발바닥으로 밟는 곳은 모두 내가 너희에게 주었노라"(수 1:3).

그렇다면 우리는 어떤 종류의 무기를 취해야 할까? 첫째는 비할 수 없는 예수님의 강력한 이름이다(빌 2:9-11을 보라). "또 우리 형제들이 어린 양의 피와 자기들이 증언하는 말씀으로써 그를 이겼으니 그들은 죽기까지 자기들의 생명을 아끼지 아니하였도다"(계 12:11).

출애굽기 17장 15절은 주님의 언약의 이름 '여호와 닛시'(주님은 나의 깃발)를 계시해 준다. 군대의 연합을 위해 전장(戰場)에 높이 들린 깃발처럼 예수님의 이름은 그 이름 이면에 있는 권세를 실행시키는 집결 장소다. 우리는 바로 이 이름으로 우리 앞에 놓인 원수를 맹렬하게 공격함으로써 그를 무너뜨리는 권세를 행사할 수 있다. 예수님의 이름을 사용할 때, 전쟁터에 높이 들린 깃발처럼 주님께서 당신 곁에 서 계신 것처럼 그것을 사용하라.

그러나 예수님의 이름 뒤에 있는 권세와 능력은 저절로 흘러나오지 않는다는 것을 강조하고 싶다. 그 이름 뒤에 서 계신 분이 누구신지에 대한 지식과 이해가 없다면, 원수를 향해 아무리 그 이름을 외칠지라도 어떤 역사도 일어나지 않는다. "네가 하나님은 한 분이신 줄을 믿느냐 잘 하는도다 귀신들도 믿고 떠느니라"(약 2:19).

예수님의 이름 안에 있는 권세는 주님과의 개인적인 관계가 깊어짐에 따라 우리 영의 활동을 통해 붙잡을 수 있다. 그 이름은 우리의 믿음에 따라 반응하는 성령의 활동에 의해 역사한다. 주님의 이름은 마법 같은 비밀번호가 아니다. 오히려 그 이름이 나타내는 인격체를 깊이 이해하는 것이 더 중요하다.

하나님이 이르시되 그가 나를 사랑한즉 내가 그를 건지리라 그가 내 이름을 안즉 내가 그를 높이리라 그가 내게 간구하리니 내가 그에게 응답하리라 그들이 환난 당할 때에 내가 그와 함께 하여 그를 건지고 영화롭게 하리라 (시 91:14-15)

"그가 나를 사랑한즉"이라는 구절은 독특한 히브리적 표현이다. 카샤크^{chashaq}는 '~에 애착을 갖다, 갈망하다, 착 달라붙다 혹은 붙다, 기뻐하다 혹은 갈망하다, 들러붙다, ~에 연합하다'라는 뜻이다. 이 단어는 '보류하다, 멀리하다, 삼가다, 억제하다, 보존하다, 누그러뜨리다, 모면하게 하다, 자신을 제어하다'라는 뜻의 다른 히브리어 단어와 상호 교차해서 사용하기도 한다. 가장 흥미로운 점은 출애굽기 27장에서 성전의 기둥을 은으로 발라 덮은 것처럼 카샤크를 '함께 묶다, 덮다, 살점을 저미다'라는 뜻으로도 사용할 수 있다는 것이다.

그러므로 주님께 우리의 사랑을 고정한다는 말은 우리 자신을 주님께 바짝 붙이고, 그분을 갈망하며, 그분을 기뻐하고 사모한다는 뜻이다. 이로 인해 주님은 우리를 주님의 것으로 지키시고, 보존하시고, 통치하신다. 그러면 우리는 하나님의 능력과 사랑으로 덮이게 된다. 참으로 놀랍지 않은가?

다음은 주님의 말씀이다. 예수님의 이름은 우리가 견고히 서 있는 기초, 즉 성경에 기록된 말씀의 터 위에 세워진다. 우리 마음의 옥토(막 4:1-20) 위에 그 이름을 세워야 한다. 만일 우리가 모래가 아닌 그 반석 위에 세우면, 사탄은 우리를 흔들 수 없다(마 7:24-27).

> 모든 성경은 하나님의 감동으로 된 것으로 교훈과 책망과 바르게 함과 의로 교육하기에 유익하니 이는 하나님의 사람으로 온전하게 하며 모든 선한 일을 행할 능력을 갖추게 하려 함이라 (딤후 3:16-17)

바울은 디모데에게 다음과 같이 말했다. "네가 이것으로 형제를 깨우치면 그리스도 예수의 좋은 일꾼이 되어 믿음의 말씀과 네가 따르는 좋은 교훈으로 양육을 받으리라"(딤전 4:6).

좋은 일꾼과 승리하는 성도는 믿음의 말씀과 그들이 따르는 훌륭한 교리로 양육을 잘 받는다. 우리는 반드시 그분의 말씀을 사랑해야 한다. "이는 주께서 주의 말씀을 주의 모든 이름보다 높게 하셨음이라"(시 138:2).

믿음은 우리 손에 주어진 강력한 무기다. 우리를 감금한 견고한 진들로부터 우리를 풀어 주는 것은 하나님을 믿는 우리의 믿음과 함께 역사하시는 그분 자신의 믿음이다. 믿음은 우리에게 원수와 단절할 수 있는 능력과 말씀 안에서 배운 것을 토대로 예수님의 이름을 선포할 능력을 준다. 이런 믿음을 적용하려면, 항상 말씀을 선포하고 풀어놓아야 한다. 마귀를 대적하여 말씀을 크게 외치라.

너희는 믿음을 굳건하게 하여 그를 대적하라 이는 세상에 있는 너희 형제들도 동일한 고난을 당하는 줄을 앎이라 모든 은혜의 하나님 곧 그리스도 안에서 너희를 부르사 자기의 영원한 영광에 들어가게 하신 이가 잠깐 고난을 당한 너희를 친히 온전하게 하시며 굳건하게 하시며 강하게 하시며 터를 견고하게 하시리라 (벧전 5:9-10)

"대적하라"는 말은 이미 앞서 언급한 것처럼 당신이 잘 훈련된 모습을 보여 주는 것이다. 그것이 바로 베드로가 6절에서 언급하고 있는 내용이다. "그러므로 하나님의 능하신 손 아래에서 겸손하라 때가 되면 너희를 높이시리라."

'대적하다'의 헬라어 안띠스테미^{anthistemi}는 접두어 안티^{anti}와 어근 히스테미^{histemi}의 합성어로, '견고히 서 있다 혹은 한결같이 서 있다'라는 뜻이다. 말 그대로 대적해서 서 있는 것은 눕거나 무릎을 꿇는다는 뜻의 티떼미^{tithemi}와는 대조적으로 두 발로 잘 서 있음을 내포한다.

"굳건하게 하여"의 헬라어 스테레오스^{stereos}의 의미는 '강한, 확고한, 안정적인, 견고한, 요지부동의, 단단한, 잘 구부러지지 않는, 뼛

뻣한, 확실한, 완고한'이다. 이 단어의 어근 역시 히스테미histemi이다.

따라서 "굳건하게 하여 그를 대적하라"는 말씀은 믿음으로 마귀를 대항해서 현재의 자리에서 우리의 발을 완강하게, 강하게, 확고하게, 굳게 세우라는 뜻이다. 우리가 그렇게 할 때, 하나님의 은혜가 우리를 온전하게 하시며, 굳건하게 하시며, 강하게 하시며, 터를 견고하게 하실 것이다.

"온전하게"의 헬라어 카타르티조katartizo는 '완벽하게 될 때까지 철저히 갖추도록 제공하다, 끼워 맞추다 혹은 틀에 넣다, 올바르게 고치다, 정돈하여 조절하다'라는 뜻이다.

"굳건하게"의 헬라어 스테리조sterizo는 히스테미histemi와 스테레오스stereos에서 파생된 단어다. '안정되게 만들다, 견고히 세우다, 맞추다, 지속적으로 제공하다'라는 뜻으로, 문자 그대로 말하자면 특정한 방향으로 단호하게 돌아서는 것을 말한다.

"강하게"의 헬라어 스떼노sthenoo의 어근 역시 히스테미histemi다(여기에 어떤 패턴이 보이지 않는가?). 이 단어는 육체의 활력을 강하게 만들어 주는 것을 말한다.

마지막으로 "터를 견고하게"의 헬라어 떼멜리오themelioo는 '기초를 놓다'라는 뜻이다. 이 말의 의미는 '안정적인 기초를 놓다, 세우다, 토대를 만들다'이다. 이 단어의 어근은 앞서 언급한 '눕다'라는 뜻의 티떼미tithemi이다.

우리가 믿음으로 마귀를 일관되게 대적할 때, 하나님의 은혜로

이 모든 속성들이 역사한다. 세상을 이긴 승리는 다름 아닌 우리의 믿음이다(요일 5:4).

> 믿음의 선한 싸움을 싸우라 영생을 취하라 이를 위하여 네가 부르심을 받았고 많은 증인 앞에서 선한 증언을 하였도다 (딤전 6:12)

골로새서 1장 13절은 우리가 흑암의 권세에서 건짐을 받아 그리스도의 나라로 옮겨졌다고 말한다. 이런 일이 일어나도록 만든 유일한 토대는 신약의 언약, 곧 예수님의 보혈이다. 주의 보혈은 우리로 하나님과 올바른 관계를 맺게 하는 아주 강력한 도구다. 우리가 주님과 맺은 이 언약은 우리가 원수와 그 세계의 시스템과 맺었던 과거의 모든 협정들을 파기한다. 우리는 원수의 노예 생활에서 구속을 받아 그리스도와 함께 공동 상속자가 되었다(롬 8:17). 그 누구도 우리를 대적하여 참소할 수 없는 것은 예수님의 보혈 때문이다.

이 주제에 대한 이야기를 마치기 전에 하나님께서 우리에게 주신 또 다른 아주 강력한 무기를 알려 주고 싶다. 다른 모든 것을 열어 주는 그 열쇠는 다름 아닌 성령님이시다. 고린도전서 6장 17절은 다음과 같이 말한다. "주와 합하는 자는 한 영이니라." 주와 합하는 것은 성령님과 교제하며 자라가는 하나의 과정이다. 이 과정의 위대함은 우리가 그분과의 교제 가운데 자라갈수록 능력이 덜 필요해진다는 것이다. 이것이 무슨 말인가?

우리와 성령님과의 교제가 깊어지면, 그분은 우리 삶 속에 아주 충만해지신다. 그러면 성령님은 원수의 그 어떤 공격보다 더 뛰어나고, 더 강력하게 역사하신다. 이것이 바로 스네이크 라인 너머에 사는 삶, 전능자의 그늘 아래 사는 삶이다. "그의 영광의 풍성함을 따라 그의 성령으로 말미암아 너희 속사람을 능력으로 강건하게 하시오며"(엡 3:16). 이렇게 성령님과 교제하며 사는 것이 믿는 자의 궁극적인 목표가 되어야 한다.

예수님의 보혈과 말씀에 계시된 주의 이름의 능력과 그분을 향한 우리의 믿음에 근거를 둔 명령 기도, 꾸짖는 기도, 묶고 푸는 기도, 함성의 찬양과 행진은 하나님의 성령과 우리가 분리되지 못하게 만든다.

정사와 권세와 통치자들과 악한 영들

이제는 전장의 또 다른 면, 즉 원수가 생각 속에 견고한 진을 세우기 위해 고안한 마귀의 활동에 대해 잠시 나누겠다. 이 책이 예수 그리스도의 현대적 축사 사역에 관한 것이기는 하나, 나는 그리스도인이 귀신 들릴 수 있는지에 관해 논쟁하지는 않을 것이다. 40여 년의 전임 사역을 거치면서 개인적으로 이 문제에 대한 아주 확고한 신념을 가지고 있지만, 이 주제에 관한 논쟁은 의미가 없다. 그리스도인은 귀신에 완전히 사로잡힐(귀신 들림) 수 없다. 다만 악한 영의 영향을 받거나 눌리거나 압제를 당할 수는 있다고 말하는 것만으로도 충분하다고 생각한다.

악한 영이 우리의 영에 영향을 줄 수 없는 것은 성령께서 우리 영 안에 거하시기 때문이다. 하지만 마귀는 적어도 혼의 영역이나 몸의 영역에서 그리스도인의 삶을 훼방할 수 있다. 어느 경우든 축사는 필요하다. 이 정도로 매듭지으면 충분하지 않은가? 그렇다면 다시 본 주제로 넘어가 보자.

> 끝으로 너희가(형제들아) 주 안에서와 그 힘의 능력으로 강건하여지고 마귀의 간계를 능히 대적하기 위하여 하나님의 전신 갑주를 입으라 우리의 씨름은 혈과 육을 상대하는 것이 아니요 통치자들과 권세들과 이 어둠의 세상 주관자들과 하늘에 있는 악의 영들을 상대함이라 그러므로 하나님의 전신 갑주를 취하라 이는 악한 날에 너희가 능히 대적하고 모든 일을 행한 후에 서기 위함이라 (엡 6:10-13)

이 본문 전체는 하나님의 전신갑주에 관한 것으로, 특별히 그리스도 안에 있는 형제들과 관련이 있다. 바울은 에베소 교회에게 마귀의 간계(속임)에 대해 가르쳐 주길 원했다. 그는 우리가 씨름해야 할 영적인 독립체들의 종류와 서열에 관한 정보를 준다.

팔레^{pale}라는 단어는 신약에서 단 한 번 등장하는데, 이것은 아주 단순하게 '씨름하다'라는 뜻이다. 여기서 말하는 씨름은 두 선수가 서로를 집어 던지려고 애쓰는 경기로, 손으로 다른 선수의 목을 잡아 넘어뜨리는 사람이 승자가 된다. 이 단어의 어근은 '진동하다, 흔들리게 하다'라는 뜻을 가지고 있으며, 다른 형태로는 '어디에 떨어질지 전혀 상관하지 않고 무언가를 던지거나 흩어 버리다'라는 의미다. 심지어 이 단어는 똥을 언급할 때도 쓰인다.

"정사들"에 해당하는 헬라어 아르헤^{arche}는 가장 높은 서열과 권위에 있는 사람을 지칭한다. 그것은 무언가의 근원이나 시작, 여러 시리즈의 첫 번째를 말하는데, 한마디로 지도자를 뜻한다. 또한 (돛의 끝과 같이) 무언가의 맨 끝을 뜻하며, 최고의 통치자리(치안판사)를 말한다. 정사들은 마귀의 군대 중 가장 높고 강력하다. 이것은 다니엘 10장에 나오는 바사의 군주와 같다. 나의 개인적인 소견으로는 이런 차원의 영들은 우리가 직면하지 않는다. 이런 영들은 전쟁의 천사들이 다뤄야 할 존재들이다.

한 가지 곁들여서 경고하고 싶은 것은 영적 도해나 강력한 중보의 이름으로 정사들과 영적 전쟁을 할 때, 우리는 반드시 성령의 인도하심을 철저히 따라야 한다. 우리가 정사들과 싸워야 한다는 것을 지지하는 성경적 증거는 매우 희박하다. 하나님께서 바울을 통해 일으키신 특별한 기적들이 에베소를 통제하는 영들을 제압했을 뿐, 바울이 개인적으로 그 영들을 직면한 것은 아니다(행 19:11).

"권세들"은 엑수시아^{exousia}로, 이것은 무언가를 할 수 있는 능력이다. 우리가 기뻐하는 대로 행할 수 있는 선택의 힘, 허가, 권세, 영향력, 권리와 특권이다. 누가복음 23장 7절에서는 그것을 관할로 번역하는데, 다시 말해서 위임된 권위를 말한다. 따라서 권세들은 다음 단계의 영적인 개체들에게 능력이나 권세를 위임한다. 나는 우리가 이 단계의 악한 영들과 대면한다고 믿는다.

"통치자들"에 해당하는 헬라어 코스모크라토르^{kosmorator}는 신약에서 마귀와 그의 영들인 '이 세상의 신' 혹은 '세상(시스템)의 주관자들'을 지칭할 때만 사용한다. 랍비들의 문헌을 살펴보면, 그것이 죽음의 천사를 지칭하기도 한다. 이 단어는 코스모스$^{kosmos(우주cosmos}$ $_{라는\ 영어\ 단어가\ 여기에서\ 파생됨)}$와 권력 혹은 통치라는 뜻의 크라토스 ^{kratos}의 합성어로, 잘 정렬된 질서를 가진 원초적이고 악한 권력을 말한다. 이것은 마치 병사들을 훈련시키고 서로의 힘을 결집하는 방법을 가르쳐 주는 군대의 훈련소와 같다. 이들은 각 영들이 마음대로 움직이는 오합지졸이 아니라 더 높은 위치의 악한 영들에 의해 잘 조직된 연합체로, 세계 곳곳에 폭력과 파멸을 일으키도록 파송을 받는다.

그들은 이 세상의 어둠의 통치자들로서 이 시대의 그림자들이 될 수 있다는 것을 주목하라. 시편 24편 1절에 따르면 세상과 세상에 속한 모든 것이 다 주님의 것이다. 그럼에도 불구하고 이 시대의 어둠이 사탄과 그의 하수인들의 것이 되는 경우가 있다.

"하늘에 있는 악의 영들"은 사악하고 타락한 음모와 목적을 뜻한다. 다시 말해서 그것은 하늘 위에 있는 존재, 즉 천상의 존재로부터 기인한 우리의 영적인 원수의 궤계다. 명확히 말하자면, 이것은 이 시대의 통치자들을 말한다. 뉴킹제임스역은 이 구절에 '군대'라는 단어를 추가했다.

내가 보니 하늘에서 땅에 떨어진 별 하나가 있는데 그가 무저갱의 열쇠를 받았더라 (계 9:1)

다윗의 열쇠

위에서 언급한 모든 것이 마치 우리가 다뤄야 할 아주 끔찍한 상황처럼 들릴지도 모르겠다. 그러나 나는 이 모든 단계의 악한 영들이 주님의 대속함을 받은 자들 앞에서 무기력하며 제대로 힘을 쓰지 못하는 불구자라는 사실을 반복적으로 강조하고 싶다.

물론 우리를 대적하는 영이 분명히 있다. 그러나 나는 우리의 주적이 인사불성 상태의 사탄이 아니라고 믿는다. 세상적인 방식의 생각, 감정, 믿음, 행동으로 표현하자면 그렇다는 것이다. 나태하고 미지근하고 냉담하며 불만에 찬 마음은 주님의 백성에게서 주님의 열정을 훔쳐가려고 시도한다. 우리가 깨어서 상대해야 할 영이 바로 이것이다. 그러면 우리는 그 영의 농간에 굴복하지 않을 수 있다.

세상에는 많은 소음이 있다. 우리는 매일 마음을 무겁게 하는 끔찍한 일들에 관한 이야기를 듣지만, 쉽게 대수롭지 않은 듯 무시해 버린다. 예수님을 다시 만날 때까지 남은 인생을 사는 동안, 우리는 그저 자동 주행속도 유지 장치를 설정한 것처럼 살아간다.

> 대저 여호와께서 깊이 잠들게 하는 영을 너희에게 부어 주사 너희의 눈을 감기셨음이니 그가 선지자들과 너희의 지도자인 선견자들을 덮으셨음이라 (사 29:10)

깊이 잠들게 하는 영이 선지자들 위에 임해 있다는 것을 주목해 보자. 여기에 기만이 있다. 인사불성의 영은 극심한 종교의 영일 수 있다. 사람들은 그들의 예배 활동에 대해 스스로 만족하지만, 동시에 하나님의 진리에 관해서는 참된 열정을 잃어버렸다. 이미 언급했듯이, 그래서 예언의 영을 활성화할 필요가 있음을 거듭 강조한다. 예언의 영은 오늘날 세상과 심지어 교회 안에 만연한 무감각함을 상쇄하기 때문이다.

나는 '다윗의 열쇠'에 관한 많은 가르침을 들었다. 그런 가르침들을 곰곰이 생각해 보면 대부분 놀랍고 올바른 가르침들이지만, 다윗이 위대한 시편 기자라는 사실 때문에 많은 경우 그저 찬양과 경배에 초점을 맞추고 있다. 물론 이것은 절대적으로 맞는 말이다. 하지만 다윗 왕이 예언적 시편 기자였다는 사실을 잊지 않았으면 좋겠다.

다윗은 성령의 영감을 받은 직관을 가지고 있었다. 물론 그것은 그가 살았던 시대를 제대로 이해할 수 있는 진정한 내적인 비전으로, 부인할 수 없을 만큼 심오한 것이었다. 진실로 이것은 하나님의 선물이었다. 다윗은 그가 사는 동안 이 은사를 개발해 나갔다.

> 내가 또 다윗의 집의 열쇠를 그의 어깨에 두리니 그가 열면 닫을 자가 없겠고 닫으면 열 자가 없으리라 (사 22:22)

나는 이 말씀이 예언적 기능을 지칭한다고 믿는다. 하지만 안타깝게도 오늘날 많은 교회에서 이 기능을 볼 수 없다. 좀 더 부드럽게 말하자면, 극소수만 이해하고 즐길 수 있는 것 혹은 전혀 필요하지 않은 것으로 여겨져 종종 무시된다. 나의 다른 저서에서 여러 차례 언급했지만, 영 분별은 일반적으로 현대 교회에서 극도로 평가절하된 은사가 되었다.

그렇다면 과연 해답은 무엇인가? 우리는 어떻게 활기를 잃게 하고 무기력하게 만드는 영을 직면할 수 있을까?

> 그를 향하여 우리가 가진 바 담대함이 이것이니 (만일) 그의 뜻대로 무엇을 구하면 들으심이라 (만일) 우리가 무엇이든지 구하는 바를 들으시는 줄을 안즉 우리가 그에게 구한 그것을 얻은 줄을 또한 아는

니라 (요일 5:14-15)

"만일 우리가 안다면"이란 말씀은, 우리가 해야 할 일이 있음을 알려 준다. 우리의 간구가 응답되기 위해 우리가 반드시 해야 할 것이 있다는 말이다. 착하고 신실한 그리스도인들이 그분의 뜻을 따라 기도한 것을 받지 못하고 있다는 사실을 아는 사람이 과연 몇이나 될까? 이 말씀은 거짓이 아니다. 그렇다면 우리가 이해하지 못하고 있는 무언가 더 깊은 것이 있는 것이 분명하다.

> 너희는 이 세대를 본받지 말고 오직 마음을 새롭게 함으로 변화를 받아 하나님의 선하시고 기뻐하시고 온전하신 뜻이 무엇인지 분별하도록 하라 (롬 12:2)

이 구절은 태만하고 게으른 이 세상의 영에 물들지 말라고 말한다. 하나님의 선하시고 받으실 만하시고 완벽하신 뜻을 분별하기 위해서는 반드시 우리의 마음을 새롭게 해야 한다. 무엇이든지 주님께 구하면 응답을 받는 사람들은 바로 이런 종류의 사람들이다.

이것이 바로 오늘날 예수 그리스도의 축사 사역이다. 단지 그분의 이름으로 귀신만 쫓아내는 것이 아니다. 우리의 의지를 성령의 예언적 역사에 복종시킴으로써 우리의 사고 체계와 감정까지 자유를 얻어야 한다. 이런 사람들은 스네이크 라인 너머에 산다.

나를 포함한 대부분의 사람들은 아직 거기에 이르지 못했다. 그러므로 서로 정죄하지는 말자. 주님의 열정에 사로잡혀 살자. 현재 우리가 가진 열정의 부족이 진리를 무효화할 수는 없다.

> 하나님이 미리 아신 자들을 또한 그 아들의 형상을 본받게 하기 위하여 미리 정하셨으니 이는 그로 많은 형제 중에서 맏아들이 되게 하려 하심이니라 (롬 8:29)

성경은 다음과 같이 말한다. "그가 우리를 흑암의 권세에서 건져내사 그의 사랑의 아들의 나라로 옮기셨으니"(골 1:13). 이것은 과거 시제다. 우리는 우리를 옭아매던 이 세상의 통치자들, 곧 어둠의 시스템으로부터 빠져 나왔다. 하지만 구원받은 것으로 다 끝난 것은 아니다. 오히려 거룩의 길을 따라 여호와의 산을 향하는 삶의 여정의 시작일 뿐이다. 그리고 그 길을 가는 동안, 우리는 하나님께서 사랑하시는 아들의 형상으로 변화되어야만 한다. 그러면 우리는 원수의 먹잇감이 되지 않는다.

우리는 그분의 생명에 깊이 감춰져 있기 때문에 독수리를 유인하는 악취를 풍기지 않는다. 우리의 땀구멍에서 주님의 능력이 물씬 풍겨 나오는 이유는 우리가 주님께 완전히 항복하고 순응하기 때문이다. 따라서 원수는 누가 누군지 분간할 수가 없다. 우리는 피 값으로 사신 바 된 성도 혹은 그 안에 모든 권세가 머물고 있는 사람이다.

> 우리가 다 수건을 벗은 얼굴로 거울을 보는 것 같이 주의 영광을 보매 그와 같은 형상으로 변화하여 영광에서 영광에 이르니 곧 주의 영으로 말미암음이니라 (고후 3:18)

이것이 가능한 것은 우리가 은밀한 곳에서 주의 영으로 주님과 얼굴과 얼굴로 대면하기 때문이다. 아마도 우리 중 대다수, 정말 많은 사람들이 단순히 주님을 기다리는 일에 충분한 시간을 보내지 않고 있을 것이다. 우리가 반항적이거나 그것을 원하지 않아서가 아니라, 지나치게 바쁜 삶에 끌려 다니기 때문이다.

우리는 부지런히 생산 활동을 하고, 자녀를 돌보며, 열심히 일하고, 대인관계를 유지한다. 이 모든 것은 분명 좋은 것이다. 하지만 우리가 우리 자신을 완전히 정직하게 드러낸다면, 삶의 많은 부분이 이 세상의 소음으로 가득 차 있다는 것을 인정하게 될 것이다. 그리고 우리는 그 소음에 완전히 집중한다(혹은 그것을 완전히 무시한다). 그러면 우리는 매우 쉽게 원수의 노략물이 된다.

우리의 삶 속에서 무슨 일이 벌어지든 그것에 상관하지 않고 스네이크 라인 너머에 이르길 원한다면, 은밀한 곳에 머무는 삶을 살기 위해 모든 것을 새롭게 할 필요가 있다. 저녁 식사를 준비하고, 세금을 내고, 아이들과 시간을 보낸 뒤, 우리는 다시 여호와의 산으로 올라가야 한다.

나는 지금 당신이 주어진 의무를 소홀히 해도 된다고 말하는 것이 아니다. 당신의 가정을 내팽개쳐도 된다는 말이 아니다. 또 이 개념을 완전히 다른 방향으로 틀어 세상 모두가 다 쓸데없고 당신 자신만 중요하다고 생각할 수도 있는데, 그것을 말하려는 것이 아니다. 앞서 말했듯, 우리 모두가 주어진 삶을 살아가면서 매일 여섯 시간 동안 찬양과 경배를 할 수는 없다.

나는 지금 균형이 깨졌다고 말하는 것이다. 우리는 결코 한쪽에 치우친 극단적인 삶을 살아서는 안 된다. 그것 역시 좋지 않다. 이 책을 읽는 동안 부디 총체적인 관점을 갖게 되길 바란다. 주님께서 오신 이유는 당신이 삶을 즐기고, 차고 넘칠 때까지 더욱 풍성하게 누리게 하시기 위함(요 10:10 확대역)임을 명심하라.

당신의 자녀들을 공원에 데리고 가고, 아이스크림을 사먹으라. 애완견과 함께 산책을 하고, 수영도 하고, 음악을 듣고, 스웨터를 짜고, 축구 경기를 시청하고, 그 밖의 것들을 하라. 그러나 그와 동시에 전능자의 그늘 아래 사는 것의 중요성을 무시하지 말라.

이 모든 것의 열쇠는 당신을 둘러싸고 있는 정신적·감정적 고통과 세상의 소음 위로 올라가기 위해 예수님을 그리스도(기름부음 받은 자)로 받아들이는 것이다.

그 날에 그의 무거운 짐이 네 어깨에서 떠나고 그의 멍에가 네 목에

서 벗어지되 기름진 까닭에 멍에가 부러지리라 (사 10:27)

　기름부음의 히브리어는 쉐멘shemen이며, 이 단어의 어근의 의미는 '살찌다'이다. 따라서 여기에 함축된 의미는 우리가 영적으로 살이 많이 붙어서 멍에가 감히 우리의 목을 둘러싸지 못한다는 뜻이다. 얼마나 멋진 장면인가?
　그리스도의 형상으로 변화되는 것은 기름부음 안에서 그리스도처럼 되는 것이다. 다름 아닌 그것이 깊이 잠들게 하는 영 혹은 그런 종류의 영을 깨뜨린다. 우리가 다윗처럼 예언의 성령으로 기름부음을 받을 때, 견고한 진은 파괴된다. 이것이 열쇠다.
　우리가 기름부음을 받을 수 있는 방법은 무엇일까? 오직 예수님과 교제하는 삶을 발전시키는 것뿐이다. 다른 지름길은 없다. 만일 우리는 쇠하고 주님은 흥하는 것(요 3:30)을 보고 싶다면, 반드시 엄청나게 많은 시간을 주님과 함께 보내야 한다. 기름부음은 육체에 부어질 수 없다는 사실을 기억하라(출 30:32). 기름부음은 예수님의 헌신된 예배자가 스네이크 라인 너머에 이르도록 도와준다. 그러므로 우리 삶 속에 찾아오는 원수의 괴롭힘을 끝장내려면, 우리 모두 이 영역에서 성장해야 한다.

우리와 성령님과의 교제가 깊어지면, 그분은 우리 삶 속에 아주 충만해지신다. 그러면 성령님은 원수이 그 어떤 공격보다 더 뛰어나고, 더 강력하게 역사하신다. 이것이 바로 스네이크 라인 너머에 사는 삶, 전능자의 그늘 아래 사는 삶이다.

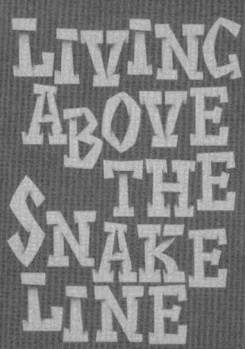

너희는 유혹의 욕심을 따라 썩어져 가는 구습을 따르는 옛 사람을 벗어 버리고 오직 너희의 심령이 새롭게 되어 하나님을 따라 의와 진리의 거룩함으로 지으심을 받은 새 사람을 입으라
(엡 4:22-24)

우리에게 가장 필요한 것

Chapter 6

Chapter 6

축사 사역은 우리에게 정말 필요하다. 그것이 우리의 열정, 우리의 소유, 우리의 기도, 우리의 목적이 되어야 한다. 내가 말하는 축사의 정의는 대부분의 사람들이 이 단어를 들었을 때 생각하는 것보다 훨씬 더 포괄적이다. 나는 축사를 '육체의 욕구와 그것을 먹고 사는 마귀로부터의 자유'라고 정의하고 싶다. 마태복음 24장 28절은 다음과 같이 말한다. "주검이 있는 곳에는 독수리들이 모일 것이니라."

축사 사역을 두려워할 필요는 없다. 오히려 그것은 생명의 길이다. 결국 축사는 자녀의 떡(마 15:26)이다. 심령을 새롭게 한다(엡 4:23)는 것은 몸의 활동을 성령의 주 되심 아래 맡긴다는 뜻이다.

우리는 이런 경고를 받는다. "자기의 마음(영)을 제어하지 아니하는 자는 성읍이 무너지고 성벽이 없는 것과 같으니라"(잠 25:28). "함정을 파는 자는 거기에 빠질 것이요 담을 허는 자는 뱀에게 물리리라"(전 10:8). 잠언 16장 32절은 다음과 같이 말한다. "노하기를 더디하는 자는 용사보다 낫고 자기의 마음을 다스리는 자는 성을 빼앗는 자보다 나으니라."

우리를 포악하게 훑어보며 주님이 우리에게 주기 원하시는 모든 유산을 훔치려 하는 원수를 대적하기 위해 우리 삶에 올바른 보호의 장벽을 세우는 것은 매우 중요하다. 우리의 영적 유업 중 하나인 축사를 삶의 양식으로 삼는 것은 우리의 생각과 의지와 감정에 보호의 울타리를 만들어 주는 매우 중요한 일이다.

> 그러므로 나는 달음질하기를 향방 없는 것 같이 아니하고 싸우기를 허공을 치는 것 같이 아니하며 (고전 9:26)

축사 사역은 예수님께서 끔찍한 것을 멀리 쫓아내 주시기를 바라면서 드리는 의미 없는 기도의 반복이 아니다. 오히려 우리가 원수를 향해 휘두를 수 있도록 무장해 주는 아주 잘 연마된 무기다. 예수 그리스도의 현대적 사역의 요소인 축사는 매우 중요하지만, 안타깝게도 자주 간과되고 있다.

> 내가 이르노니 너희는 성령을 따라 행하라 그리하면 육체의 욕심을 이루지 아니하리라 육체의 소욕은 성령을 거스르고 성령은 육체를 거스르나니 이 둘이 서로 대적함으로 너희가 원하는 것을 하지 못하게 하려 함이니라 너희가 만일 성령의 인도하시는 바가 되면 율법 아

래에 있지 아니하리라 (갈 5:16-18)

바울은 육체를 따라 행하는 것과 성령을 따라 행하는 것의 의미를 갈라디아서 5장의 나머지 부분에서 길게 설명한다.

그리스도인의 삶 속에서 축사 사역의 중요성을 무시하는 것은 주님과 함께 여호와의 산에서 자유롭게 걸어가도록 도우시는 자유의 성령님을 부당하게 대하는 것이다. 특별히 그리스도의 몸의 사역자들이 그럴 경우 더욱 그렇다.

나는 주님께서 갈보리에서 값으로 사신 모든 것을 삶 가운데 나타내라는 명령을 우리가 받았다고 믿는다. 그렇지 않으면 우리는 그 길을 간절히 찾는 사람들을 무시하는 것이다. "그들이 딸 내 백성의 상처를 가볍게 여기면서 말하기를 평강하다, 평강하다 하나 평강이 없도다"(렘 8:11).

예수께서 성전에 들어가사 성전 안에서 매매하는 모든 사람들을 내 쫓으시며 돈 바꾸는 사람들의 상과 비둘기 파는 사람들의 의자를 둘러 엎으시고 (마 21:12)

이 본문에서 주님께서는 성전을 정화시키시고 도둑들을 쫓아내시는데, 이것이 축사 사역이다. 주님은 말하자면 아버지의 처소를 거룩하고, 아주 청결하고 성별되게 유지하는 일에 매우 열정적이셨다.

우리는 마땅히 우리 자신의 성전에 대해 동일한 열정을 가져야 한다.

너희 몸은 너희가 하나님께로부터 받은 바 너희 가운데 계신 성령의 전인 줄을 알지 못하느냐 너희는 너희 자신의 것이 아니라 값으로 산 것이 되었으니 그런즉 너희 몸으로 하나님께 영광을 돌리라 (고전 6:19-20)

나는 하나님께서 도둑들이 성전에 있는 것을 허락하셨다고 믿는다. 예수님께서 그들을 쫓아내심으로 사자의 성품을 드러내셨다(사 42:13, 시 68:1). 예수님은 자신의 본성을 바꾸실 수 없는 분이기 때문에(히 13:8) 이 말씀은 오늘도 주님의 뜻이 동일하다는 것을 보여 준다. 우리의 성전(곧 우리의 생각과 감정과 의지를 포함한 몸)은 반드시 자유롭고 더러움이 없어야 한다.

온전한 구원은 우리 삶 전체에서 영원에 이르기까지 하나의 과정이다. 이것은 모두가 다 잘 알고 있으리라고 확신한다. 그것은 우리의 과거, 곧 죄의 형벌이 사라지는 구원의 순간에 시작된다. 하지만 현재에는 우리가 주의 성령을 통해 주님의 뜻에 복종함으로 거룩해질 때, 죄의 힘은 지속적으로 제거된다. 물론 장래에 우리가 주님께 돌아갈 때, 현재의 죄는 사라질 것이다.

이런 과도기에 있는 우리는 대제사장이신 주님께서 그의 현대적 사역 안에 우리에게 주신 다른 도구들처럼 축사 사역에 상당한 관심을 가져야 한다.

마가복음 7장 27절에서 축사는 자녀의 양식임을 증명한다. 그것은 우리의 소유물이자 주님 안에 있는 우리의 유산이다. 그뿐 아니라 예수님은 우리에게 일용할 양식을 위해 기도하라고 권면하신다(마 6:11). 이것이 바로 주기도문이 이렇게 마치는 이유다. "우리를 시험에 들게 하지 마시옵고 다만 악에서 구하시옵소서 나라와 권세와 영광이 아버지께 영원히 있사옵나이다 아멘"(13절).

나는 이 구절이 우리 개인의 성전을 특별히 강조하는 것이라고 생각한다. 우리가 성령의 전이기 때문에 하나님의 나라는 우리 안에 거한다. 우리의 위대한 대제사장께서는 그분의 성전(우리)을 아주 깨끗하게 유지하는 데 필요한 것을 우리에게 주고자 하신다.

하지만 여전히 우리가 스스로 감당해야 할 몫이 있다. 그것이 자동적으로 일어나지 않기 때문이다. 주님이 우리에게 양식을 주셨지만, 반드시 우리가 그것을 취해야 한다. 많은 선한 그리스도인들은 자신이 구원받은 순간에 모든 축사가 다 이루어졌다고 생각하고 있다. 이것은 영의 사람에게는 사실이지만, 우리의 나머지 존재인 혼과 몸은 그렇지 않다.

누구든지 여호와의 이름을 부르는 자는 구원을 얻으리니 이는 나 여호와의 말대로 시온 산과 예루살렘에서 피할 자deliverance가 있을 것임이요 남은 자 중에 나 여호와의 부름을 받을 자가 있을 것임이니

라 (욜 2:32)

성령 안에서 행하기 위해서는 우리의 역할이 요구된다. 우리는 반드시 우리의 재산을 지켜야 한다. "오직 시온 산에서 피할 자 deliverance가 있으리니 그 산이 거룩할 것이요 야곱 족속은 자기 기업을 누릴 것이며"(욥 1:17).

축사deliverance는 거룩함 이전에 온다. 축사가 먼저 일어나지 않고는 진정한 거룩함을 소유할 수 없다. 우리가 소유한 땅은 생각과 의지와 감정의 땅이다. 나에게 있어서 축사는 단순히 귀신을 쫓아내는 것(이것도 아주 중요하다)만이 아니라 두려움, 거절감, 정죄감, 슬픔 같은 사탄이 준 멍들bruises을 제거하는 내적 치유를 포함한다. 열린 문들을 닫고 견고한 진들을 무너뜨리는 것이다. 먼저 도둑들을 쫓아내야 한다. 그렇게 한 다음 주님은 원수가 짓밟아 무너뜨린 것을 재건하실 것이다.

이것은 스네이크 라인 너머로 향하는 과정이다. 나는 다른 책에서 죄를 정결하게 하는 법, 육신을 십자가에 못 박는 법, 귀신을 쫓아내는 법에 관해 설명했다. 이것은 그리스도의 승리 안에서 살아가는 과정이다. 그렇게 하기 위해 우리는 도구를 사용하는 방법을 터득해야 한다. 바울이 말한 대로, 그것은 우리가 마음껏 쓸 수 있도록 주님이 주신 전신갑주이다.

전신 갑주

그러므로 하나님의 전신 갑주를 취하라 이는 악한 날에 너희가 능히 대적하고 모든 일을 행한 후에 서기 위함이라 그런즉 서서 진리로 너희 허리 띠를 띠고 의의 호심경을 붙이고 평안의 복음이 준비한 것으로 신을 신고 모든 것 위에 믿음의 방패를 가지고 이로써 능히 악한 자의 모든 불화살을 소멸하고 구원의 투구와 성령의 검 곧 하나님의 말씀을 가지라 모든 기도와 간구를 하되 항상 성령 안에서 기도하고 이를 위하여 깨어 구하기를 항상 힘쓰며 여러 성도를 위하여 구하라 (엡 6:13-18)

바울이 언급한 첫 번째 보호 장비는 진리로 허리에 띠를 두르는 것이다. 이것은 대충 생각해 봐도 우리 몸의 중간에 단단히 맨 영적인 진리의 띠와 같아서 모든 것을 붙들어 준다는 것을 알 수 있다.

요한복음 8장 32절에 따르면, 진리를 아는 것이 우리에게 자유를 가져다준다. 그것은 하나님 안에 있는 사람들의 비전과 목적을 보호한다. 거의 모든 세상 사람들과 그리스도의 몸 안에 있는 많은 사람들이 주님에 대해 원수의 거짓말에 토대를 둔 왜곡된 관점을 가지고 있다. 요한복음 8장 44절은 사탄을 거짓의 아비라 부르다 사탄은 사람들에게 하나님의 모든 성품을 비방하려고 노력한다. 진리가 자유를 준다는 것을 아주 잘 알고 있기 때문이다.

이스라엘 백성들이 광야에서 하나님을 올바르게 인식하지 못했던 것처럼, 원수는 우리 하나님을 우리에게 조금도 관심이 없으신 분노에 찬 주인이라고 거짓말하고, 또한 우리가 그 말을 믿게 하려고 노력한다. 심지어 하나님을 고통받는 인간을 보며 즐기는 이상한 분으로 묘사한다. 혹은 그렇게까지 정교하지는 않지만, 적어도 하나님이 개인적으로 우리를 거절하는 분이라고 생각하기를 바란다. 그분이 다른 사람의 죄는 용서해 주시고 그들을 돌봐주실지는 몰라도 우리에게는 그러지 않으신다고 믿기를 바란다.

인류를 향한 하나님의 말씀에 나타나 있듯, 진리를 아는 것은 당신과 내가 자신을 증오하는 것으로부터 구원해 준다. 거절감의 근본 뿌리는 살면서 겪은 상처이며, 그것은 쓴 뿌리로 변한다. 이것은 우리 자신을 대적하는 중상모략으로, 우리의 정체성에 대한 왜곡된 관점을 제공한다.

마지막으로 마귀는 사람들이 지존자의 은밀한 곳으로 가는 길에서 벗어나게 하기 위해 아주 그럴듯한 거짓말을 늘어놓는다. 사탄은 사람들이 진리의 모조품인 사탕발림의 가짜를 받아들여 하나님을 향해 가는 길 대신 거짓의 길을 따라가도록 한다. 그러나 사람들이 속았다는 사실을 깨달으면, 그들은 더 이상 속지 않을 것이다. 이런 사탕발림의 거짓말은 교묘하게 우리를 잘못에 빠뜨린다.

게다가 이것은 사람들로 깨어 준비하게 만드는 대신 둔감해지고 현실에 안주하도록 만든다. 바울은 디모데전서 4장 1절에서 미혹의 영과 귀신의 가르침에 대해 말한다. 우리는 이미 이 마지막 날의 기만이 시작된 것을 보고 있다. 그것은 사람들이 중립지대에 표류하며 겉만 번지르르하고 절대 진리(요 14:6)가 아닌, 진리에 근접한 달콤한 마귀의 거짓말을 듣도록 만든다.

하나의 예로 보편구원론Universalism(온 인류가 다 구원받는다는 가르침 - 역자 주)의 가르침이 있다. 원수는 이것이 교묘하다는 것을 잘 알고 있다. 겉으로 보기에는 아주 좋아 보인다. 하지만 그 이면에는 사람을 잘못된 길로 호도하는 속임이 깔려 있다.

그래서 베드로는 다음과 같이 경고한다. "그러므로 너희 마음의 허리를 동이고 근신하여 예수 그리스도께서 나타나실 때에 너희에게 가져다 주실 은혜를 온전히 바랄지어다"(벧전 1:13). 여기에서 베드로 사도는 진리의 허리 띠를 말한다. 오직 하나님의 말씀에 계시된 단순하고 순수한 진리만이 우리를 미혹에 빠지지 않도록 지켜 준다.

바울은 이어서 "의의 호심경"에 관해 말한다. 호심경은 무엇을 보호하는가? 갈비뼈 안에 있는 생명의 장기인 심장이다. 그것은 우리의 사랑을 말한다.

하나님의 자녀인 우리는 지금 어디에 서 있는가? 예수님의 의 위에 서 있다. "하나님이 죄를 알지도 못하신 이를 우리를 대신하여 죄로 삼으신 것은 우리로 하여금 그 안에서 하나님의 의가 되게 하려 하심이라"(고후 5:21).

그러나 원수는 우리가 의롭지 않다고 참소하려 한다. 우리가 우리의 의 되신 그리스도를 향한 일편단심을 지키지 못하도록 방해하기 위해 원수는 우리를 하나님으로부터 멀어지게 하고 마음에 상처를 준다.

로마서 8장 33-34절은 이것을 분명히 알려 준다. "누가 능히 하나님께서 택하신 자들을 고발하리요 의롭다 하신 이는 하나님이시니 누가 정죄하리요 죽으실 뿐 아니라 다시 살아나신 이는 그리스도 예수시니 그는 하나님 우편에 계신 자요 우리를 위하여 간구하시는 자시니라."

> 내가 또 들으니 하늘에 큰 음성이 있어 이르되 이제 우리 하나님의 구원과 능력과 나라와 또 그의 그리스도의 권세가 나타났으니 우리 형제들을 참소하던 자 곧 우리 하나님 앞에서 밤낮 참소하던 자가 쫓겨났고 (계 12:10)

우리는 마귀가 우리 머리 위에 쌓아 두려고 하는 어떤 정죄도 용납할 수 없다. 그 어떤 과거의 정죄나 현재의 실패도 없다. 구원과 힘과 그리스도의 능력과 의와 평강과 기쁨(롬 14:17)인 하나님의 나라가 임했기 때문이다. 우리는 이 진리에 대해 어떤 혼란도 허락할 수 없다.

그러므로 이제 그리스도 예수 안에 있는 자에게는 결코 정죄함이 없

나니 (롬 8:1)

　의의 호심경은 참소와 정죄로부터 우리를 보호할 뿐만 아니라 우리가 마땅히 생각해야 할 것보다 우리 자신을 더 높이 평가하는 영적 교만(롬 12:3)으로부터 우리를 지켜 준다.
　로마서 3장 22절은 예수 그리스도를 믿는 믿음을 통해 하나님의 의가 모든 믿는 자에게 주어진다고 약속한다. 예수 그리스도의 의를 믿는 믿음 외에 우리를 의롭게 만드는 것은 아무것도 없다.
　같은 장의 25절과 26절은 우리가 그분에 의해 의롭다고 인정받는 방법에 대해 말한다. 그 말은 '올바르게 되다, 의의 길에 놓이다'라는 뜻이다. 의(義)의 의미는 하나님과 '올바르게 서다'이며, "의롭게 된"의 정의는 '마치 처음부터 단 한 번도 죄를 짓지 않은 것처럼'이라는 뜻이다.
　우리는 발에 평안의 복음의 신을 신어야 한다. 발은 활동, 돌아다님, 일을 성사시킴, 운동을 말한다. 이 평안의 복음의 신은 우리의 발걸음, 특히 다른 사람들에게 기쁜 소식을 전하는 발걸음을 말한다.
　예수님께서 복음을 전하실 때, 종교지도자들은 맹렬히 분노했다. 잠시 마태복음 12장을 주목해 보자. 그들이 자신을 죽이려는 음모를 아셨을 때, 주님은 잠시 물러나심으로써 이사야의 예언을 성취하셨다. "그는 다투지도 아니하며 들레지도 아니하리니 아무도 길에서 그 소리를 듣지 못하리라"(19절).

예수님은 그러한 상황에서도 여전히 수많은 군중들을 치유하셨다(15절). 그분은 복음을 전하는 것을 멈추지 않으셨고, 바리새인들의 유도 질문에 대답하셨다. 주님은 무작정 그들에게 싸움을 거신 것이 아니었다. 그가 전하신 복음에 대해 타협하지 않으시면서도 자신의 평강을 지키셨다.

> 내가 복음을 부끄러워하지 아니하노니 이 복음은 모든 믿는 자에게 구원을 주시는 하나님의 능력이 됨이라 먼저는 유대인에게요 그리고 헬라인에게로다 (롬 1:16)

평안의 복음은 박해 중에서, 그리고 우리를 향한 사람들의 거짓 비방 중에도 우리의 발을 움직이게 한다. 그러면 우리는 타협하거나 움츠리지 않는다. 비방을 통해 말씀을 두루 전파하려는 우리의 움직임을 마비시키려는 것보다 마귀가 더 좋아하는 것은 없다. "물러서! 그렇게까지 열심히 할 필요는 없잖아. 내가 네 부담을 다 덜어 줄께." 사탄은 지금도 우리가 포기하고 물러나 게으름을 피우도록 만들기 위해 애쓰고 있다.

그러나 평안의 복음은 우리를 향해 떠도는 수많은 거짓 비방이 있을지라도 복음을 나눌 수 있도록 지혜를 준다.

에베소서 6장 16절은 말씀한다. "모든 것 위에 믿음의 방패를 가지고 이로써 능히 악한 자의 모든 불화살을 소멸하고." 불화살은 무엇인가? 그것은 의심, 두려움과 불신, 혹은 믿지 못함이다. 이스라엘 백성들을 광야에서 죽게 만든 것은 다름 아닌 불신이었다. 불신은 가장 치명적인 죄 중 하나로, 원수가 우리를 공격하는 주된 방법이다. "하나님께서 정말 그렇게 말씀하셨니?" 불신은 하나님의 말씀을 무익하게 만든다.

그들과 같이 우리도 복음 전함을 받은 자이나 들은 바 그 말씀이 그들에게 유익하지 못한 것은 듣는 자가 믿음과 결부시키지 아니함이라 (히 4:2)

불신, 믿지 않음, 믿음 없음, 그릇된 신념은 모두 비슷한 단어들로, 종종 서로 혼용되기도 한다. 하지만 각각 미묘한 차이가 있다. 나는 불신Unbelief을 경험 부족에서 오는 믿음의 부족이라고 정의하고 싶다. 어떤 사람들은 예수 그리스도의 현대적 축사 사역에 대해 매우 공격적으로 저항하는 마음을 가지고 있다. 그들은 단지 자신의 눈으로 그런 역사가 일어나는 것을 보지 못했을 뿐이다. 그래서 불신이 싹튼다. 이것은 여전히 위험한 것이지만, 거역이라기보다는 무지에 뿌리를 둔 것이다.

반면 믿지 않음Disbelief은 거절하는 행동, 의지적 무지다. 뭔가 놀라운 일이 일어나는 것을 보았지만, 여전히 그것을 믿지 않는 것이다. 믿지 않는 자들은 어떤 충격적인 일에 대해 다음과 같이 반응한다. "나는 지금 벌어진 일을 믿을 수 없어!" 그는 불신을 외친다.

믿음 없음nonbelief은 단순히 무언가에 대해 믿지 않는 것이다. 대부분 친숙하지 않기 때문에 믿지 않는 것이다. 그릇된 신념misbelief은 믿음이긴 하지만, 잘못된 것을 믿는 것이다.

이 모두가 다 위험한 이유는 무지함은 핑곗거리가 되지 못하기 때문이다. 그중 특별히 믿지 않음이 가장 위험하다. 만일 당신이 꼭 해야 할 것과 무언가 선한 것(하나님을 향한 믿음)을 아는데 그것을 하지 않는다면, 그것은 분명 죄다(약 4:17, 히 6:1).

우리의 믿음이 계속 활발하게 역사하게 만드는 것은 매우 중요하다. 우리가 무엇을 보든(혹은 보지 못하든) 상관하지 말고, 여호와의 산에 오르는 그 길을 따라 가야 한다. 원수가 우리를 향해 멀리서 불화살을 쏠 때, 원수를 향해 "기록되었으되"라는 말을 선포하면 우리는 요동하지 않을 것이다. 그 말씀은 영원히 우리를 위해 역사할 것이다. 이유는 아주 단순하다. 그것이 기록된 하나님의 말씀이기 때문이다. 그러나 우리가 불신할 때, 문제는 시작된다.

"구원의 투구를 쓰라"는 말씀은 우리가 지금까지 다뤄 왔던 정신적인 견고한 진들에 적극적으로 대처해야 한다는 것을 보여 준다. 생각은 치열한 전쟁터. 에베소서 4장 23절은 말한다. "오직 너희의 심령the spirit of your mind이 새롭게 되어."

구원의 투구는 공허한 상상, 왜곡된 관점, 재잘거리는 원수가 주는 산만함으로부터 우리의 생각을 보호한다. 그 투구는 과거에 겪었던 사이비, 주술, 정신 질환, 비이성적인 사고방식, 그와 유사한 것들과의 연결고리를 끊어 준다.

성령의 검은 성경이다. 이제 속지 말라. 마귀는 성경 안에 있는 것을 알고 있다. 그는 대부분의 그리스도인들보다 더 잘 안다. 사탄은 말씀을 왜곡시키고 뒤틀어서 하나님께서 성경을 통해 말씀하시는 것에 대해 의구심을 갖도록 부추긴다.

성령의 도우심이 있기 때문에 성경을 이해하는 것은 그리 어려운 일이 아니다. 따라서 우리의 삶을 위한 하나님의 뜻, 우리가 꼭 해야 하는 것과 하지 말아야 하는 것을 이해할 수 있다. 그러나 원수는 가장 단순하고 분명한 성경 말씀조차 혼란스럽게 만들거나 하찮은 것으로 만들려고 한다. "여기 이 구절은 나와 내 상황에는 안 맞잖아."

하나님의 말씀이 말하고 있는 것을 알지 못한 채 둘러갈 길은 없다. 예수님의 모든 지상 사역과 오늘날 그분의 사역은 하나님의 말씀에 확고히 뿌리를 두고 있다. 그 이유는 예수님 자신이 하나님의 말씀이시기 때문이다(요 1:1). 우리가 하나님의 말씀을 아는 만큼 축사 사역이 이루어진다.

마지막으로, "성령 안에서 기도와 간구"는 유다서 20-21절과 관련이 있다. "사랑하는 자들아 너희는 너희의 지극히 거룩한 믿음 위에 자신을 세우며 성령으로 기도하며 하나님의 사랑 안에서 자신을 지키며 영생에 이르도록 우리 주 예수 그리스도의 긍휼을 기다리라."

누군가 믿음과 사랑을 "쌍둥이 권능"이라고 하는 말을 들은 적이 있다. 갈라디아서 5장 6절은 "사랑으로 역사하는 믿음"에 관해 말한다. "그런즉 믿음, 소망, 사랑, 이 세 가지는 항상 있을 것인데 그 중의 제일은 사랑이라"(고전 13:13).

이것을 가장 단순한 용어로 축약하자면, 우리의 모든 문제의 뿌리는 믿음의 부족, 혹은 사랑의 결핍, 이 둘 중 하나다. 그러므로 우리의 영적인 전신갑주의 핵심은 우리의 믿음과 하나님을 향한 사랑을 증가시키는 것이다. 스네이크 라인 너머에서 그리스도 안에 우리를 감추는 것은 다름 아닌 믿음과 사랑이다.

너희는 믿음을 굳건하게 하여 그를 대적하라 이는 세상에 있는 너희 형제들도 동일한 고난을 당하는 줄을 앎이라 모든 은혜의 하나님 곧 그리스도 안에서 너희를 부르사 자기의 영원한 영광에 들어가게 하신 이가 잠깐 고난을 당한 너희를 친히 온전하게 하시며 굳건하게 하시며 강하게 하시며 터를 견고하게 하시리라 (벧전 5:9-10)

당신의
적을 알라

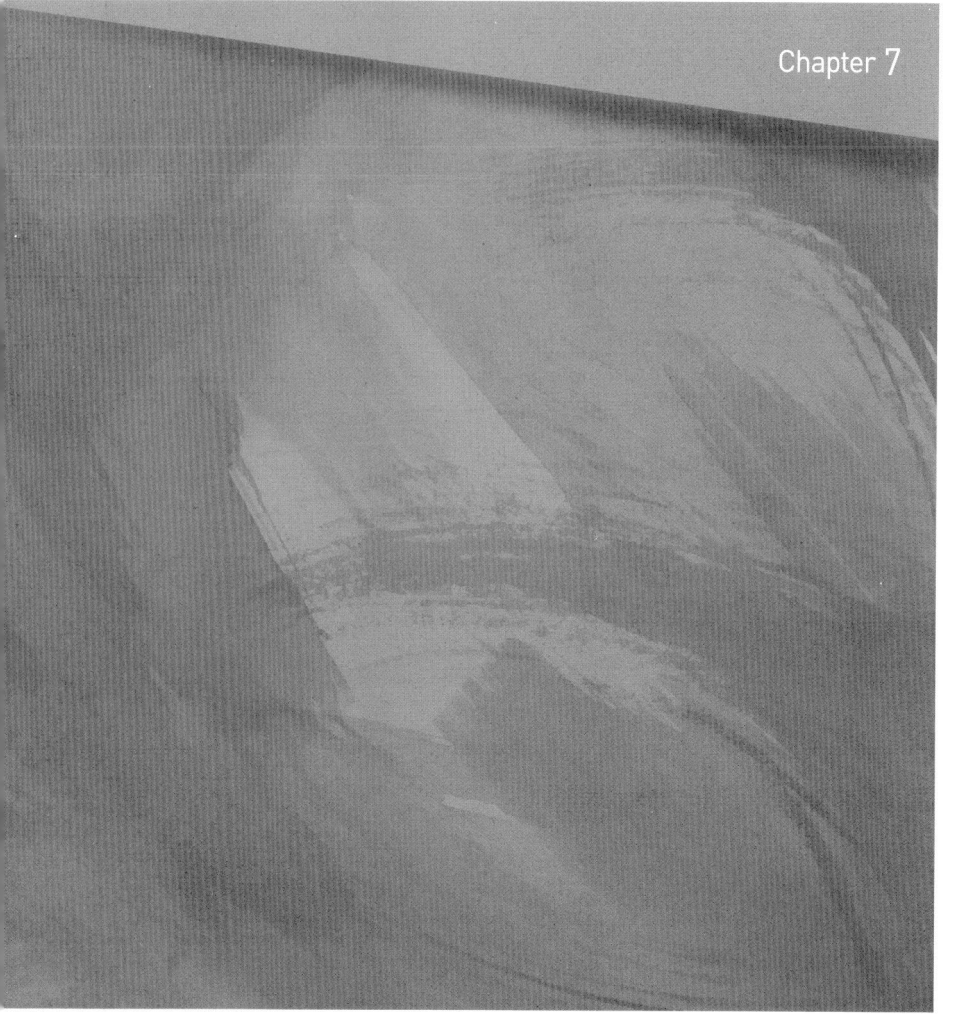

Chapter 7

Chapter 7

요한복음 10장 10절은 우리의 원수가 도둑이라고 말한다. 도둑은 아주 교활하고, 은밀하고, 비열하며, 악의에 차 있다. 그들은 서성거리다가 몰래 들어와 부주의한 사람들의 집을 침범해 그들이 원하는 것을 가지고 아무도 모르게 살금살금 나간다. 하지만, 그 집 사람들은 아침에 깰 때까지 그 사실을 모른다.

비록 우리의 원수가 이미 패배하고 마비되었다 할지라도 우리가 그의 계략의 먹잇감이 되는 자리로 떨어진다면, 그의 능력이 완전히 무기력해지는 것은 아니다. 피값으로 사신 바 된 그리스도인이 속거나 기만을 당하면 모든 것이 안전하고 괜찮다는 잘못된 생각에 빠질 가능성이 있다. "이는 우리로 사탄에게 속지 않게 하려 함이라 우리는 그 계책을 알지 못하는 바가 아니로라"(고후 2:11).

헬라어로 계책은 우리를 향한 사탄의 생각, 목적, 개념, 악한 계획을 말하며, 소위 그의 전쟁 전략을 뜻한다. 또한 우리에 관한 그의 성향 곧 사탄이 우리에 대해 생각하는 것을 뜻한다. 이것은 또한 생각 혹은 사고로도 번역되며, 어근은 '인식하다, 이해하다'라는 의미다.

우리는 마귀가 우리에 대해 어떻게 생각하는지에 대해 무지해서는 안 된다. 우리는 그의 생각을 알아야만 한다. 우리는 그가 우리를 인식하는 법과 우리를 이용하기 위해 비밀리에 만들고 있는 계책, 음모, 권모술수를 인지해야 한다.

따라서 우리는 다음과 같이 자문해 봐야 한다. 원수는 과연 어떻게 활동하는가? 우리를 향한 그의 야비한 선생 계획은 무엇일까? 주로 사탄은 생활의 부담감을 통해 우리 마음에 분란을 줌으로써 우리의 평강을 무너뜨리려 한다. 그러면 우리는 당황하고 안정을 찾지 못하거나 수동적이고 일관성을 잃어버리고 만다. 결과는 똑같다. 우리의 시선이 정로에서 벗어나 곁길로 빠져 결국 크게 벌린 사자의 입속으로 직행한다.

우리는 욥기를 통해 마귀가 그리스도인들에게 반드시 쓸 수밖에 없는 패턴을 볼 수 있다. 그는 우리의 약점을 엄밀히 조사하도록 허락받았다. 사탄이 공격하는 네 가지 주요한 영역은 우리의 생각, 감정, 입술과 몸이다. 이 네 가지 영역을 통해 우리를 유혹하도록 허락을 받은 그는 우리가 그의 기만에 속아 넘어가면 그 영역들을 침범한다. 그리고 그의 더러운 발이 밟는 곳마다 더럽혀진다. 유혹에 항복하면, 우리는 기만당하게 된다.

창세기 3장에서 하와에게 벌어진 일처럼 사탄은 의심의 씨앗을 뿌린 후 하나님의 진리의 말씀에 거부하게 함으로써 우리를 유혹한다. 궁극적으로 우리가 그에게 동조하면, 그는 우리를 불순종으로 이끌 수 있다.

사탄은 우리를 유인하거나 괴롭혀서 여호와의 산으로 향하는 좁은 길에서 벗어나게 만들려고 한다. 일단 그의 목소리를 따라 우리의 발걸음을 옮기거나 그가 주는 고통 때문에 위를 향해 가던 길에서 물러나면, 우리는 그의 더러움에 직면하게 된다. 이 두 가지 방향 중 하나라도 계속 가면, 그는 결국 우리를 종으로 삼아 가지 말아야 할 길로 강제로 몰아간다. 궁극적으로 이것은 고통을 수반하며, 우리는 더 이상 전능자의 피난처를 향해 전진할 수 없게 된다.

원수는 우리의 외면과 내면 모두에서 활동한다. 첫 번째 형태의 공격에 대해 우리는 반드시 그를 대적해야 한다. 두려움 때문에 물러서거나 덤불 속으로 도망치지 말고, 오히려 원수를 향해 당당히 맞서서 우리의 얼굴을 부싯돌처럼 굳건하게 해야 한다(사 50:7-8). 우리가 야고보서 4장 7절을 무시하지 않고 하나님께 복종하는 한 마귀는 도망칠 것이다.

예수님께서는 우리의 외면과 내면을 구분하신다. "예수께서 이르시되 너희도 이렇게 깨달음이 없느냐 무엇이든지 밖에서 들어가는 것이 능히 사람을 더럽게 하지 못함을 알지 못하느냐 이는 마음으로 들어가지 아니하고 배로 들어가 뒤로 나감이라 이러므로 모든 음식물을 깨끗하다 하시니라 또 이르시되 사람에게서 나오는 그것이 사람을 더럽게 하느니라 속에서 곧 사람의 마음에서 나오는 것은 악한 생각evil thoughts 곧 음란과 도둑질과 살인과 간음과 탐욕과 악독과 속임과 음탕과 질투와 비방과 교만과 우매함이니 이 모든 악한 것이 다 속에서 나와서 사람을 더럽게 하느니라"(막 7:18-23).

악의 생각thought of evil과 악한 생각evil thoughts은 서로 다르다(이 부분을 주목해서 보라. 그러면 이 둘을 혼동하지 않을 것이다). 악의 생각은 원수가 바깥에서 우리를 공격하려고 던지는 속삭임들이다. 예수님조차 외부에서 그분을 대적하는 악의 생각의 유혹을 받으셨다(마 4장). 하지만 악한 생각은 우리의 내면에서 나온다. 예수님은 결코 그런 적이 없으셨다. 주님은 스스로 악을 생각해 보신 적이 전혀 없으셨다(히 4:15).

내면에서 일어나는 악한 생각은 반드시 쫓아내어야(축사해야) 한다. 이것은 전통적인 축사의 개념으로, 귀신의 영향력뿐만 아니라 우리 자신의 부패한 생각을 축사해야 한다. 어느 쪽이든 마귀가 설 자리를 절대로 내주어선 안 된다(약 4:7). 왜냐하면 그는 외면에서 가져온 것을 내면에 감추인 것과 통합하려 하기 때문이다.

내면에서 나오는 것이 무엇인지 분별하려면, 하나님의 말씀과 성령의 도우심이 필요하다. 우리는 마귀의 검열이 아닌 하나님의 점검에 순복해야 한다. 불순물을 제거하는 의사의 칼처럼 말씀을 사용하시는 성령의 도우심이 없다면, 내면에서 썩어가는 것이 무엇인지 잘 모를 것이다. 우리는 감염된 조직 세포를 다루듯 말씀과 성령을 통해 내면의 썩어가는 것을 잘라 제거할 수 있다.

하나님의 말씀은 살아 있고 활력이 있어powerful 좌우에 날선 어떤 검보다도 예리하여 혼과 영과 및 관절과 골수를 찔러 쪼개기까지 하며 또 마음의 의도intents of heart와 생각thoughts을 분별하나니(한글 성경은 '마음의 생각과 뜻'을 판단하나니로 번역 - 역자 주) (히 4:12, KJV)

이 말씀 안에는 엄청난 잠재력이 있다. 이 구절은 말씀이 살아 있고 활력이 있다고 선포한다. 헬라어로 살아 있다는 말은 '그 자체로 생동하는 능력이 있고 혼(魂)에게 동일한 능력을 행사하면서 살아 있는, 신선한, 숨 쉬며 효과적인'이라는 뜻이다. 이 동사는 조에zoe에서 파생되었다.

'활력이 있는'powerful에서 파생된 영어 단어가 바로 에너지다. 그 뜻은 '활발한, 효과적인, 작동하는'이다. 하나님의 말씀은 히브리서 4장 12절의 말씀대로 행할 수 있는 내재된 능력을 가지고 있다. 왜냐하면 그것은 살아 있는 것이기 때문이다.

말씀은 혼(지·정·의)에 속한 것과 영에 속한 것과 물리적 몸에 속한 것(관절과 골수)을 분간하는 능력이 있다. 다시 말해서 성경은 우리 존재의 세 영역인 영과 혼과 몸을 분리할 수 있는 능력이 있고, 그것을 벌거벗겨서 우리의 마음과 생각(사고와 의도)을 드러낸다. 그 무엇도 하나님의 말씀 앞에 감출 수 없다.

"좌우에 날 선 어떤 검보다도 예리하여"라는 말은 하나님의 말씀이 어떤 것을 여러 번에 걸쳐 마구 거칠게 자르는 것이 아니라 단번에 자르는 수술용 메스와 같이 역사한다는 뜻이다. 그것은 우리의 삶을 재미 삼아 찔러 보는 장난감 석궁이 아니다. 말씀은 우리의 전 존재에 샅샅이 다다르는(찌르는, 뚫고 들어가는) 정밀함으로 산산이 분리한다(킹제임스역). 다시 말해 우리 존재의 세 영역을 여러 조각으로 쪼개고, 분할하고, 나눈다. 그와 동일한 헬라어 단어는 어떤 것을 수여하고 나눠 준다는 의미에서 은사(히 2:4)로 번역되기도 한다.

성경 말씀이 우리를 세 가지 다른 존재의 상태로 분리하는 것은 사실 우리의 유익을 위함이다. 그것을 통해 우리는 우리 혼(수케psyche, 인간의 마음과 생각 즉, 감정과 갈망과 애정과 혐오감의 장소)의 것과 우리의 영의 것(뉴마pneuma, 하나님의 숨결로부터 오는 인간의 영원한 생명)과 우리 몸의 것(관절과 골수)이 무엇인지 분별할 수 있다. 골수라는 단어는 골수가 뼈 안에 들어 있는 것처럼 내부에 닫혀 있는 것, 곧 몸 안에 갇혀 있는 것을 뜻한다.

헬라어 '분별하다'(한글 성경은 '판단하다'로 번역 – 역자 주)에서 영어 단어 '비평'가 파생되었지만, 언제나 부정적인 의미를 내포하는 것만은 아니다. 오히려 그것은 건설적인 비평이며 '판결하는, 결단력 있는, 차이를 분간하는 일에 적합한 혹은 숙련된' 것을 말한다. 그 단어의 어근은 결정권자로서 공의(公義)를 실행하는 로마 행정관에서 기인한다.

'생각'의 어근은 '곰곰이 생각하다, 숙고하다, 신중히 생각하다'이다. 이 단어는 그저 잠시 떠돌거나 지나가는 생각이 아니라 영감을 주는

(실제적으로 격앙시키는) 것, 우리의 머리에 계속해서 맴도는 것을 말한다.

'의도'의 헬라적 의미는 '영적인 진리를 위한 용량, 더 높은 혼의 힘, 신적인 것을 인식하는 능력, 선을 인식하고 악을 미워하는 능력'이란 점에서 좁은 의미로 이성을 뜻한다.

마지막으로 '마음'은 진짜 마음(심장)을 뜻하며, 이 단어에서 영어 단어 카르디오 cardio (심장과 관련된, 심장강화운동)가 파생되었다. 동물의 몸 안에 있는 이 기관은 혈액순환의 중심이자 물리적 생명의 근간으로 간주한다. 또한 어떤 존재의 이해력과 지성의 능력, 의지와 성품을 말한다.

이것이 바로 잠언 4장 23절에서 우리에게 다음과 같이 권면하는 이유다. "모든 지킬 만한 것 중에 더욱 네 마음을 지키라 생명의 근원이 이에서 남이니라." 히브리어의 마음과 헬라어의 마음은 서로 유사하다. 마음은 '도덕적 성품의 근간, 욕구와 감정과 열정과 용기와 양심과 결단력'을 의미한다. 모든 생명의 근원이 움트는 곳이 바로 이곳이다.

지금까지 나눈 모든 것을 통해 하나님의 말씀이 자신의 참 모습을 알고자 하는 우리에게 얼마나 중요한지를 깨달을 수 있다. 그렇게 함으로 우리는 스네이크 라인 너머로 올라갈 수 있다.

우리가 믿는 것이 무엇인지 정확히 우리에게 알려 주는 것은 다름 아닌 하나님의 말씀이다. 자신이 믿는 바를 아는 사람, 성경 말씀의 수술로 계시된 것을 아는 사람은 원수의 끊임없는 공격을 뛰어넘는 삶을 기대할 수 있게 된다. 그 이유는 다음과 같다. "믿고 세례를 받는 사람은 구원을 얻을 것이요 믿지 않는 사람은 정죄를 받으리라 믿는 자들에게는 이런 표적이 따르리니 곧 그들이 내 이름으로 귀신을 쫓아내며 새 방언을 말하며 뱀을 집어올리며 무슨 독을 마실지라도 해를 받지 아니하며 병든 사람에게 손을 얹은즉 나으리라 하시더라"(막 16:16-18).

위의 구절 가운데 한 가지 꼭 나누고 싶은 것은 먼저 귀신을 쫓아낸 다음 새 방언이 나온다는 것이다. 나는 성경의 저자가 의도적으로 순서를 이렇게 배치했다고 믿는다. 수많은 그리스도인들이 방언은 말하지만, 아직 귀신을 쫓아내지 못하는 사람들이 있다. 당신은 그 사실을 알고 있는가? 위의 목록의 나머지 부분인 뱀을 집으며, 무슨 독을 마실지라도 해를 받지 않고, 병든 자에게 손을 얹은즉 낫는 역사는 먼저 언급한 두 가지에 달려 있다. 이것은 정말 곰곰이 생각해 볼 문제다.

귀신이란 무엇일까?

신약에서 '귀신 들린'의 헬라어 다이모니조마이^{daimonizomai}는 다이몬^{daimon}이란 어근에서 파생된 단어다. 사람들은 보통 그것을 다이몬

daemon(고대 그리스 신화 속에 나오는 반신반인의 존재 - 역자 주) 혹은 마귀demon 로 인식하지만, 이 단어는 종종 귀신 혹은 귀신들로 번역한다. 이것은 (점을 칠 때) '행운을 나누어 준다'는 뜻에서 파생되었고, 신이나 여신, 더 낮은 신적인 존재 혹은 악한 영을 말한다.

신학자들은 마귀의 근원에 대해 다양한 의견을 주장하는데, 대표적인 세 가지 의견은 다음과 같다. 첫째, 귀신들은 사탄과 그의 천사들이 지구에 떨어졌을 때 타락한 몸이 없는 영들이다. 둘째, 그들은 스스로 타락한 천사들이다. 셋째, 그들은 사람의 딸들과 섞인 하나님의 아들들의 자손인 네피림이다. 창세기 6장 1-8절에 근거해서 "하나님의 아들들"은 천사와 같은 존재들을 말한다.

이 이론들을 지지하는 많은 자료들이 있지만, 그중 상당수는 단순한 추측일 뿐이다. 그런 개념들을 모두 무시하는 것은 아니지만, 이 이론들이 (외경처럼) 성경 밖의 문헌들에 의한 것임을 반드시 염두에 두어야 한다. 왜냐하면 성경 자체도 귀신이 무엇인지에 대해 명확히 설명하지 않고, 다만 악한 영들이라고 말하기 때문이다.

어쨌든 첫 번째와 세 번째 이론에 따르면 그들은 노아 홍수 다음에 멸망하고 육체를 잃어버렸지만, 그들의 영은 여전히 둘째 하늘(하나님의 영역인 셋째 하늘이 아니라 우리가 살고 있는 물리적 세계와 공존하는 영적인 세계)로부터 역사하고 있다. 지금은 그들을 귀신이라고 부른다.

이것에 대해 나는 어느 쪽이든 상관하지 않는다. 어쩌면 세 가지를 다 섞은 듯하다. 그들은 타락한 천사들, 그들의 후손들, 아담 이

전에 있었던 어떤 존재로, 몸이 없는 영이다. 그들이 인간의 영이라고 주장하는 사람들과 나는 분명하게 선을 긋고 싶다. 사람이 죽으면 즉시 천국 혹은 지옥에 간다. 그러므로 인간이 유령이 되는 법은 없다. 어떤 형태든 이미 죽은 망자와의 교류는 주술 혹은 사람처럼 생긴 귀신(친숙의 영)의 현상이다. 친숙의 영과 관련된 많은 구절들이 있는데, 구글 검색창에서 '친숙의 영과 관련된 성경구절'을 검색해 보라.

개인적으로 아담 이전의 존재나 혼합종인 네피림에 관해 특별한 문제는 없지만, 그렇다고 해서 어느 쪽이든 그것을 교리로 만들어서는 안 된다. 많은 고등 지식을 가진 신학자들이 성경을 자신들의 학파를 따라 해석하고 인용할지라도, 성경 자체는 이러한 것들에 대해 정확히 알려 주고 있지 않기 때문이다. 나는 이런 문제의 결론은 전문가들에게 맡기고, 그들의 정체가 무엇이든 관계없이 오직 예수님의 현대적 사역을 따라 이런 것들을 쫓아내는 일에 집중할 것이다.

이 책 자체는 마귀론에 관한 글은 아니다. 하지만 축사를 다루고 있기 때문에 귀신의 정체와 그들이 어떻게 역사하는지에 대한 몇 가지 성경적 핵심 사항들에 대해 잠시 다루겠다.

'사로잡힘'(귀신 들림)이란 말은 대부분의 그리스도인에게 상당한 골칫거리이다. 나는 새롭게 변화되지 않거나 약한 의지로 인해 악한 영들에게 틈을 줌으로써 생각과 감정 혹은 몸의 특정 영역이 귀신의 영향력 아래에 있다는 말을 선호한다.

완전한 귀신 들림은 가장 심각하게 사로잡혔다는 뜻이다. 이 상태에서는 마귀가 생각과 의지와 감정과 육체뿐만 아니라 영에까지 영향력을 행사한다. 그것은 그리스도에 대해 영적으로 죽은 상태, 곧 구원받지 못한 사람들에 해당된다. 나는 거듭난 그리스도인의 영이 귀신에 사로잡힐 수 있다는 주장을 믿지 않는다. 하지만 악한 영이 그리스도인의 혼과 몸에 영향을 줄 수는 있다고 생각한다.

당신이 이 말에 동의하지 않아도 괜찮다. 나는 지금 여기서 당신과 논쟁하려는 것이 아니기 때문이다. 수천 수만의 거듭난 그리스도인들을 안수하며 기도해 본 결과, 우리가 질병의 영이나 괴롭히는 영을 대적했을 때 그들이 기침을 하거나 토하는 것을 보았다. 그러므로 피값으로 사신 바 된 그리스도인들이 여전히 삶의 특정한 영역에서 역사하는 마귀의 눌림과 씨름하고 있다는 것을 부인할 수 없다.

나는 《춤추는 하나님의 손》The Dancing Hand of God(순전한나드 역간)에 신학교 시절에 거절의 영으로부터 자유케 된 생생한 이야기를 기록했다. 그 일은 내가 거듭나고 성령 충만을 받은 이후에 벌어졌다.

원수는 다양한 차원에서 하나님의 구속받은 백성들을 계속 괴롭히거나 못살게 굴 수 있다. 그럴 능력이 없었더라면 그리스도인 중 아무도 병들거나 우울하거나 특정한 죄와 씨름할 필요가 없을 것이다. 그렇지 않은가? 원수가 무능했다면 우리는 이미 스네이크 라인 너머에서 살고 있을 것이고, 예수 그리스도의 현대적 축사 사역도 쓸모가 없었을 것이다.

이제 귀신은 어떤 모습일지 살펴보자.

칠십 인이 기뻐하며 돌아와 이르되 주여 주의 이름이면 귀신들도 우리에게 항복하더이다 예수께서 이르시되 사탄이 하늘로부터 번개 같이 떨어지는 것을 내가 보았노라 내가 너희에게 뱀과 전갈을 밟으며 원수의 모든 능력을 제어할 권능을 주었으니 너희를 해칠 자가 결코 없으리라 그러나 귀신들이 너희에게 항복하는 것으로 기뻐하지 말고 너희 이름이 하늘에 기록된 것으로 기뻐하라 하시니라 (눅 10:17-20)

"밟으며"의 헬라어 파테오^{pateo}는 에베소서 2장 10절에서 이미 살펴보았다. 파테오의 어근은 '예상치 못하게 갑자기, 단 한방에 치거나 공격하다, 찌르다'이며, 그것은 '발아래 두고 밟다, 모욕과 경멸로 다루다'를 의미한다. 다시 말해서 '사탄이 복음을 전파하는 것을 철저하게 좌절시키기 위해 동원한 핍박과 권모술수로 인한 가장 극렬한 위험을 성공적으로 직면하다'라는 뜻이다.

뱀은 사람이 죄를 짓도록 유혹하는 영을 나타낸다. 뱀은 자신의 머리를 사용해 공격한다. 보통 쉭쉭 소리를 내면서 송곳니를 훤히 다 드러내 보이며 아무것도 모르고 지나가는 사람들에게 경고의 메시지를 보낸다. "너도 내가 널 무는 걸 원하지 않지?" 이것은 먼저 위협하기 위해 물려고 하는 행동으로, 경고하지 않고 무작정 공격하는 맹독성 뱀은 극히 드물다.

물론 예외도 있지만, 우리는 여기서 토론을 위해 하나의 비유로 사용할 뿐이다. 마귀가 우리로 죄를 짓도록 유혹하는 방식은 뱀과 매우 흡사하다. 위협하기 위해 물려고 하는 행동은 우리가 뱀을 밟으려 할 때 경고하기 위한 것이다. "너도 내가 널 무는 걸 원하지 않지?"

고린도전서 10장 13절은 말한다. "사람이 감당할 시험 밖에는 너희가 당한 것이 없나니 오직 하나님은 미쁘사 너희가 감당하지 못할 시험 당함을 허락하지 아니하시고 시험 당할 즈음에 또한 피할 길을 내사 너희로 능히 감당하게 하시느니라."

이 말씀은 우리가 의무적으로 뱀을 밟아 물릴 필요는 없다는 뜻이다. 발로 쿵쿵 소리를 내는 것으로도 충분하다. 만일 당신이 뱀의 소굴을 밟았다면, 예수님은 우리가 어떤 해도 받지 않고 그들을 밟을 수 있는 권세를 받았다고 확증해 주신다. 우리가 죄의 용서와 회개(우리의 생각과 행동 양식을 바꾸는 것)를 구하면, 죄는 사라지고 그 즉시 우리 자신의 안녕을 위해 이 권세를 받는다. 뱀과 동시에 역사하는 것은 전갈들이다.

> 오직 각 사람이 시험을 받는 것은 자기 욕심에 끌려 미혹됨이니 욕심이 잉태한즉 죄를 낳고 죄가 장성한즉 사망을 낳느니라 (약 1:14-15)

사망이 쏠 수 있는 것은 우리가 지은 죄 때문이다. 우리가 유혹과 타락으로 죄에게 설 자리를 내어주면 쏘일 수 있다. 자연계에서처럼 (죽음의) 전갈에 쏘이면, 부패하고 썩기 시작한다. 영적으로 말하자면, 이것은 우리를 스네이크 라인 아래 가두는 두 가지 곧 죄책감과 정죄다.

다시 한 번 다음의 말씀을 주신 하나님께 감사드린다. "만일 우리가 우리 죄를 자백하면 그는 미쁘시고 의로우사 우리 죄를 사하시며 우리를 모든 불의에서 깨끗하게 하실 것이요"(요일 1:9). 여기서 모든 불의에서 깨끗하게 하신다는 것은 죄의 모든 영향력이나 파생된 결과물로부터 우리가 정결해진다는 말이다. 예수님의 현대적 축시 사역에서 주님의 보혈의 능력은 죄의 결과인 사망과 전갈에 쏘임으로 곪아 썩어가는 것으로부터 우리를 치유한다.

누가복음 11장에서 예수님께서 말 못하게 하는 귀신을 쫓아내실 때, 어떤 사람들은 그가 귀신의 왕 바알세붑^{Beelzebub}의 힘으로 그런 일을 행했다고 말했다(어떤 사본은 '높은 곳의 주'란 뜻과 유사한 바알세불 ^{Beelzebul}로 표기하는데, 그것은 주인이란 뜻의 가짜 신 바알의 직함으로 바알세붑을 경멸하고 조소하는 표현이다). 어느 경우든 "귀신의 왕"(15절)이라는 이 직함의 어원은 매우 독특하다. 하지만 이 문제에 대해 시간을 많이 할애할 가치가 없기 때문에 더 이상 이 책에서는 다루지 않을 것이다.

우리는 이 직함의 뜻을 '파리 혹은 파리들의 주^{lord}', 아랍어의 문자적 의미인 '파리의 주인^{master}'이라고 말하면 충분할 것 같다. 유대 전통에 따르면 이것은 조롱과 경멸의 말로서, 바알을 실제로 똥덩어리와 동일시한 것이다. 따라서 바알을 숭배하는 사람은 똥을 먹는 파리와 같다. 그러므로 바알은 파리들의 주다.

나는 귀신 숭배가 일종의 '파리'와 같다는 점에서 영적으로 적용할 내용이 있다고 본다. 파리들은 그들의 배를 채우기 위해 썩은 것, 사체, 부패한 것을 찾으며 그 위에 알을 낳는다. 구더기들은 참으로 역겹다. 이 사실을 한 번 직면해 보자. 비유적으로 말하자면, 귀신의 잘못된 교리들은 독이든 유혹이며, 산만함과 무거움을 준다. 아주 솔직히 말하자면, 그것은 그리스도인이 여호와의 산에 오르지 못하도록 막는 똥덩어리이다.

디모데전서 4장 1-2절에서 언급한 "미혹하는 영들"과 "귀신의 가르침들"은 정확히 이런 종류의 파리들을 지칭한다. "미혹하는"이란 말을 킹제임스역에서는 유혹으로 번역했다. 이 단어의 헬라어 플라노스planos는 '정처 없이 헤매는 자, 떠돌이'란 뜻으로 부랑자 혹은 방랑자를 지칭하며, 다른 사람을 오류에 빠뜨리는 속이는 자 혹은 부패한 사람을 말한다.

이런 영들은 불행한 사람을 미혹하기 위해 희미한 불빛 아래 불러 세워 스네이크 라인 너머로 가는 길에서 미묘하게 벗어나도록 만든다. 이것이 참으로 교묘한 이유는 사람들이 스스로 속고 있다는 사실을 깨닫는다면 그들은 더 이상 속지 않을 것이기 때문이다. 그것은 사기와 속임수를 통해 사람을 잘 구슬려 진리를 모방한 가르침을 따르도록 만들어 타락시킨다.

믿음에서 떠나는 것은 구원의 길을 등지고 철저하게 그리스도를 거절하는 형태가 아니다. 오히려 건전한 교리에서 벗어나도록 만들어 모두 다 잘못된 것은 아니라는 미혹의 말로 속삭인다. 그런 속삭임은 사람들을 곁길로 빠뜨리기에 충분하다. 그렇게 어느 정도 시간이 지나면, 그 사람은 경계선과 방향감을 잃고 숲에 매복해 있는 강도의 덫에 쉽게 걸리고 만다.

만일 그것이 공공연하게 알려진 공격이라면, 그리스도인은 그 덫에 걸리지 않도록 더욱 경계할 것이다. 하지만 그것이 아주 교활하고 기만적일 때는 이런 귀신의 가르침을 따라 방황하게 될 수 있다. "귀신의 교리"(킹제임스역)의 헬라적 의미는 문자 그대로 '귀신의 가르침, 지침, 교훈'이다. 그것은 악한 영이 제시하는 잘못된 방향으로, 사람을 옳은 길에서 벗어나게 만든다.

씨 뿌리는 자의 비유(눅 8장)에서 예수님은 씨를 삼키는 공중의 새들(5절)에 관해 말씀하신다. 귀신의 활동은 우리 안에 뿌려진 말씀을 눈 깜짝할 사이에 먹어치우려고 급습하는 새와 같다. 그로 인해 우리는 열매를 맺을 수 없다. 이것은 "곧 지금 불순종의 아들들 가운데서 역사하는 영"(엡 2:2)과 유사하다. 이것은 불신과 의심을 용납할 때 발생하며, 결국 원수의 거짓말을 믿게 만든다. "하나님이 참으로 너희에게 동산 모든 나무의 열매를 먹지 말라 하시더냐"(창 3:1). 불순종에 빠뜨리려는 말에 속는 것 역시 불순종이다.

공중의 새들은 먼저 우리가 의심하도록 만들기 위해 힘쓴다는 사실을 명심하라. 그 다음에는 부인하게 하고, 궁극적으로는 하나님의 말씀에 불순종하게 만든다. 그 후 우리 안에 뿌려진 말씀을 빼앗고, 마침내 우리는 굶어 죽는다.

새의 비유에 관해 더 연구하기 위해 마태복음 24장 28절을 보면, 주검이 있는 곳에 독수리들vultures이 모일 것이라고 말한다. 킹제임스역과 뉴킹제임스역은 그것을 독수리eagles로 번역했지만, 알다시피 이들은 보통 썩어가는 고기를 먹지 않는다. 따라서 많은 번역이 그 부분에서 벌처vulture를 사용한다. 미가서 1장 16절을 확인해 보면, 그 단어를 두 가지로 (상호교환적으로) 사용하고 있음을 볼 수 있다.

벌처는 육체를 먹는데, 귀신도 그렇다. 여기에서 깨달아야 할 것은 귀신은 그리스도인을 공격해서 육체(즉, 생각과 감정과 몸의 죄)가 드러나기만을 원한다는 것이다. 야고보서 1장 14-15절에서 이미 언급한 것처럼 욕심이 잉태하면 죄를 낳는다. 육체는 정화되거나 쫓아낼 수 없다. 그것은 반드시 복종시켜야 한다. 다시 말해 그리스도와 함께 십자가에 못 박아야 한다(갈 2:20).

이사야 59장 5절(킹제임스역)은 계사cockatrice의 알들이 부화되는 것에 관해 말한다. 신화 속 동물인 계사는 닭의 알에서 부화된 뱀으로, 수탉의 머리를 가진 용이다. 그런데 이 짐승은 외부에서 온 귀신이 안으로 들어와 육체와 연합하는 것과 비슷하다. 이러한 수정(잉태)은 나중에 사망을 낳는다.

이것이 우리가 여호와의 산으로 걸어갈 때, '귀의 문'과 '눈의 문'을 지키는 것이 중요한 이유다. 귀의 문은 우리가 듣는 것과 경청하는 것을 말한다. 눈의 문은 우리가 바라보는 것을 뜻한다. 나는 지금 우리가 습관적으로 일정하게 듣는 것과 특정 기간 동안 계속 보는 것, 아무 생각 없이 계속해서 이 두 가지 문에 들어오도록 허용하는 것을 말하고 있는 것이다. 우리가 어쩌다 한 번 보고 듣는 것을 말하는 것이 아니라 정기적으로 우리의 눈과 귀에 먹이는 것들 말이다.

이것이 바로 우리가 신속하게 그리고 신실하게 회개(우리의 생각을 바꾸고 특정한 행동을 멈추는 것)를 해야 하는 중요한 이유다. 우리는 원수에게 열어 준 문들을 반드시 닫아야 한다. 생각 속에 있는 강박적 집착은 종종 빨리 드러날 수 있다. 그러면 귀신은 "저기에 먹을거리가 있다"며 육체를 먹일 합법적 권리를 얻는다. 우리는 필히 우리의 삶을 그리스도 안에 감추고, 우리의 육체를 십자가에 못 박고, 우리의 영에게 복종해야 한다.

아가서 2장 15절은 "포도원을 허는 작은 여우들"에 관해 말한다. 여러 성경 주석가들은 이 말씀을 거짓 선생이 반쪽짜리 진리로 속삭이는 것에 대한 비유라고 해석한다. 또한 많은 학자들이 그것을 포도나무의 뿌리를 허무는 작은 죄들이라고 본다. 이것을 종합하면 귀신의 역사의 형태가 되는데, 우리는 이것이 하나님께서 우리를 통해 이루고자 하시는 것을 훔쳐 가려는 악한 영의 역사임을 간파해야 한다.

형용사 '작은'의 히브리적 개념은 젊고 어리다는 뜻이다. 따라서 이 단어는 '작은, 하찮은, 중요하지 않은' 것을 말한다. 아무렇지도 않다고 여기는 이런 죄들은 예를 들어 소소한 하얀 거짓말, 좀도둑질,

불순한 동기와 제멋대로 생각하는 패턴 등이다. 또한 우리가 타인에게 악의를 가지고 한 것이 아니어서 특별한 피해자가 없는 것처럼 보이지만, 결국 우리 삶의 포도원을 망치는 것들이다. 모든 죄는 그것이 얼마나 크든 작든, 절대적으로 예수님의 보혈로 씻김을 받아야 한다.

히브리어로 '여우들'은 자칼과 같이 땅을 파는 동물을 말하는데, 이것은 포도나무의 뿌리 아래로 구멍을 파낼 정도로 작은 동물이다. 많은 흥미로운 주석서들은 여우들과 그들의 포도에 대한 애착에 관해 설명한다. 따라서 이 구절은 전적으로 시적인 표현이 아니다. 여기서 나는 히브리어로 '손에 움푹 들어 간 곳'(즉, 손바닥을 말한다)을 뜻하는 단어에서 파생된 여우들의 기본적인 의미를 지적하고 싶다. 다시 말해서 여우들은 땅을 파는 자들이란 뜻이다.

여우가 포도나무의 뿌리를 파헤치면 포도나무는 시들어 죽는다. 이와 같이 작은 죄들 혹은 잘못된 가르침의 움푹 패인 거짓말로 진리에서 탈선하면, 식물은 뿌리(그리스도 안에 거하는 삶)부터 죽는다. 이것은 여러 사람들이 스네이크 라인 너머에 다다르는 것을 그렇게 힘들어 하는 이유가 될 수 있다.

킹제임스역은 이사야 35장 7절에서 '용들의 처소'를 언급한다. 앞에서도 이미 언급했듯이 뉴킹제임스역처럼 그 동일한 단어를 종종 '자칼'로 번역한다. 이 용들은 드러눕기만 해도 땅을 바싹 마르게 하고, 덤불과 풀과 갈대와 들풀을 으깨어 버린다. 이것은 우리의 삶의 푸른 초장을 짓누르는 귀신들의 억압과 압제를 말한다. 그런 식으로 그들은 삶의 여러 영역을 무기력하게 만들고 억누르며 제한한다. 특히 이러한 것들은 우리 자신이나 다른 사람이나 그 누구를 통해서든 원수가 우리를 향해 내뱉는 참소들이다.

요한계시록 12장에서는 사탄을 큰 용, 옛 뱀(9절), 우리 형제들의 참소자(10절)라고 부른다. 여기서 잠시 11절을 주목해 보자. "또 우리 형제들이 어린 양의 피와 자기들이 증언하는 말씀으로써 그를 이겼으니 그들은 죽기까지 자기들의 생명을 아끼지 아니하였도다."

마귀를 이기는 능력과 스네이크 라인 너머로 가는 비밀의 길로 전진할 수 있는 비결은 만물의 심판자이신 예수 그리스도께서 주신 증거, 곧 우리의 고백과 더불어 우리가 삶에 적용한 예수님의 보혈의 능력에 확고한 뿌리를 두고 있다.

축사는 과정이다

이번 장 초반부에 다루었던 요엘서 2장 32절을 다시 생각해 보자. 주님의 이름을 부르는 자들은 구원과 자유를 얻을 것이다. 그렇다. 하나님께서는 남은 자를 부르신다. 그 구절의 첫 부분은 축사 과정에서 우리가 해야 할 일을 보여 준다. 축사는 결코 자동적으로 일어나지 않는다. 그 이유는 우리가 예수 그리스도를 우리 개인의 주와 구원자로 영접한다 하더라도, 혼의 영역은 아직 아니기 때문이다.

그렇다면 많은 필요가 있는 축사 사역에 우리가 쓸 만한 유용한 열쇠는 어떤 것들이 있을까? 첫째로, 우리는 겸손히 주님께 나아가야 한다. 우리는 조금도 우리 자신을 구원할 수 없다. 따라서 교만한 자세로 주님의 이름을 부르는 것은 굉장히 어리석은 일이다. 나는 다른 곳에서 겸손의 중요성에 대해 이미 많은 내용을 기술했다. 당신이 원한다면 그 자료를 마음껏 사용해도 좋다. 내가 모든 것을 얻은 것은 아니지만, 그렇다고 해서 우리가 하나님께 받은 모든 것이 겸손히 깨어진 마음에서 시작된다는 진리를 무가치하게 만들지는 못한다.

우리가 우리 자신을 아는 것보다 하나님께서 우리를 더 잘 아신다. 그러므로 가식을 버리고 주님과 우리 자신에 대해 솔직해 보자. 우리는 도움이 필요하다. 우리 모두 삶의 특정 영역에 대해 축사가 필요하다. 그리고 우리가 영의 길을 걸어갈 때도 그것은 계속 필요하다. 축사는 하나의 과정이자 삶의 노정이다.

물론 우리가 생각하거나 직면하는 모든 것에 엄청난 축사가 필요하다고 말하는 것은 아니다. 모든 것이 다 귀신의 역사는 아니다. 하지만 축사는 어쨌든 그 이상의 것임에는 틀림없다. 물론 주님의 은혜가 우리에게 충분하다. 그렇다고 해서 우리에게 일용할 양식이 필요하다는 개념 자체를 완전히 폐지할 수는 없다. 그렇게 생각하는 것은 주님 앞에 (자만한 태도이며) 정직하지 못한 것이다.

우리는 우리의 필요와 죄를 주님께 고백해야 한다. 주님은 신실하셔서 우리를 용서해 주시고 정결하게 해주신다(요일 1:9). 그러나 우리는 반드시 그것을 고백하고 용서를 구해야만 한다. 그것이 즉흥적으로나 기계적으로 일어나지 않기 때문이다.

포기는 축사의 과정에서 중요한 부분 중 하나다. 우리는 우리 자신의 육체적 혹은 악한 영의 영향을 받은 생각과 방법, 죄된 성향과 욕망을 단념(즉, 거절하고, 버리고, 거부하고, 절교하고, 부인하고, 멈춘다는 뜻)해야 한다. 우리는 우리의 죄를 덮을 수 없다.

> 자기의 죄를 숨기는 자는 형통하지 못하나 죄를 자복하고 버리는 자는 불쌍히 여김을 받으리라 (잠 28:13)

마지막으로 이번 장을 마무리하면서 나는 용서의 중요성을 강조하고 싶다. 용서하지 않는 마음을 숨기는 것은 원수가 바로 들어와 모든 고통과 억압을 줄 수 있도록 문을 활짝 여는 것이다. 다른 사람을 용서하라. 그들을 서둘러 용서하라. 우리는 주님의 은혜와 성령의 도우심으로 그것을 할 수 있다.

> 너희가 사람의 잘못을 용서하면 너희 하늘 아버지께서도 너희 잘못을 용서하시려니와 너희가 사람의 잘못을 용서하지 아니하면 너희

아버지께서도 너희 잘못을 용서하지 아니하시리라 (마 6:14-15)

절대 쓰레기를 붙들고 있지 말라. 그것은 붙잡을 가치가 전혀 없다. 성령께서 우리의 생각과 감정을 살펴보시게 하라. 그분이 삶 가운데 용서하지 못하고 있는 요소를 보여 주시면, 기꺼이 버리라. 축사는 우리의 코앞에 있다! 이 과정을 거치라. 그러면 스네이크 라인 너머로 향하는 길이 매우 평안할 것이다.

용서하지 않는 마음을 숨기는 것은 원수가 바로 들어와 모든 고통과 억압을 줄 수 있도록 문을 활짝 여는 것이다. 다른 사람을 용서하라. 그들을 서둘러 용서하라. 우리는 주님의 은혜와 성령의 도우심으로 그것을 할 수 있다.

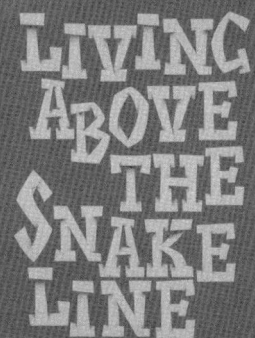

평강의 하나님이 친히 너희를 온전히 거룩하게 하시고 또 너희의 온 영과 혼과 몸이 우리 주 예수 그리스도께서 강림하실 때에 흠 없게 보전되기를 원하노라 (살전 5:23)

원수의 압제

Chapter 8

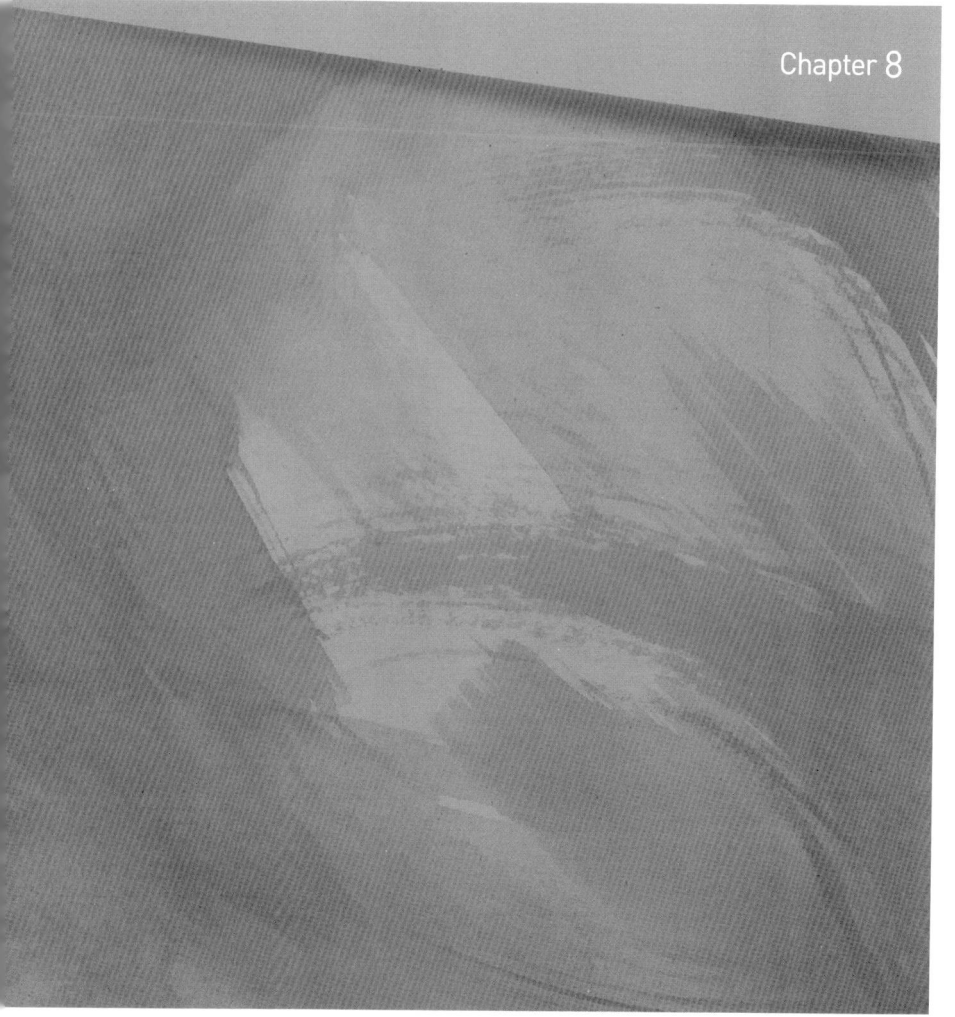

Chapter 8

비록 우리의 원수가 패하고 으스러지고 마비되어 오직 우리가 불순종과 무지로 틈을 줄 때만 제한된 활동을 하고 있을지라도, 우리 중 대다수가 삶의 특정 영역에서 마귀와 그의 영들로 인해 고통을 당하고 있다는 현실을 부인하지는 못한다. 여호와의 산을 향해 전진해 가기 위해 우리는 반드시 우리가 성령 안에서 살아가지 못하도록 방해하는 사탄의 간계를 인식해야 한다.

이것을 정죄의 수단으로 삼지는 말라. 정죄는 마귀가 당신을 대적하기 위해 사용하는 가장 강력한 무기 중 하나이기 때문이다. 오히려 다음의 정보를 통해 영적 지각을 열어 당신이 대적해야 할 대상과 당신의 삶 가운데 그리스도께서 이미 이루신 승리를 행사하는 법을 알기 바란다.

베드로가 입을 열어 말하되 내가 참으로 하나님은 사람의 외모를 보지 아니하시고 각 나라 중 하나님을 경외하며 의를 행하는 사람은 다 받으시는 줄 깨달았도다 만유의 주 되신 예수 그리스도로 말미암아 화평의 복음을 전하사 이스라엘 자손들에게 보내신 말씀 곧 요한이 그 세례를 반포한 후에 갈릴리에서 시작하여 온 유대에 두루 전파된 그것을 너희도 알거니와 하나님이 나사렛 예수에게 성령과 능력을 기름 붓듯 하셨으매 그가 두루 다니시며 선한 일을 행하시고 마귀에게 눌린 모든 사람을 고치셨으니 이는 하나님이 함께 하셨음이라 (행 10:34-38)

사탄이 훔친 권세를 가지고 우리를 지배하기 위해 사용하는 세 가지 주요 방법은 영적인 죄, 육적인 죄, 감정적 고통을 통해서다. 각 영역은 우리 존재의 구성요소인 영·혼·육과 동일하다.

원수를 향한 거의 모든 그리스도인의 싸움은 생각과 의지와 감정(혼)의 영역에서 일어난다. 나아가 그중 일부는 흘러넘쳐 육체의 영역(아픔과 질병)에도 발생한다. 대부분의 육체의 질병은 혼의 영역에 뿌리를 두고 있다. 여기서 한 가지 당부하고 싶은 말은 항상 그렇지는 않다는 것이다.

때때로 혼의 문제와 상관없이 원수가 몸을 직접 공격하기도 한다. 하지만 많은 경우, 혼의 고통과 육체의 질병은 서로 연결되어 있다. 따라서 이런 종류의 축사는 내적 치유 및 초자연적인 몸의 치유와 상호 관련이 있다.

창세기 3장에서 하나님이 남자와 여자와 뱀에게 내리신 저주는 일반적으로 죄의 세 가지 뿌리를 규정해 준다. 그리고 죄의 삯은 사망이다(롬 6:23). 신학자들은 이것을 종합적으로 사탄의 멍bruises이라 부른다. 그들이 압도적으로 그것을 혼의 영역에 적용하는 이유는 이것이 원수가 우리를 공격하는 문이기 때문이다.

이 세 가지 죄의 뿌리는 거절감, 슬픔, 정죄감(혹은 수치)이다. 다른 소책자에서 나는 정죄감과 거절감에 대해 다루었다(《자유 시리즈: 상처의 부르짖음과 보이지 않는 상처》 The Feadom Series:The Wounded Cry and Invisible Wounds 를 보라). 시간이 허락한다면, 가까운 시일 내에 세 번째 소책자로 슬픔에 관한 글을 쓰고 싶다. 이번 장에서는 이 세 가지에 대해 간략하게 다룰 것이다.

감사하게도 하나님의 은사는 우리 주 예수 그리스도를 통한 영생이다. 영생은 우리가 죽을 때 시작하는 것이 아니다. 그리스도의 승리는 우리가 영생에 들어가기 전, 이 땅의 삶 가운데 나타나도록 되어 있다. 그렇지 않다면 우리가 이 땅에서 살아 숨 쉬는 동안 스네이크 라인 너머로 가려는 노력은 아무 소용이 없기 때문이다.

주 여호와의 영이 내게 내리셨으니 이는 여호와께서 내게 기름을 부으사 가난한 자에게 아름다운 소식을 전하게 하려 하심이라 나를 보내사 마음이 상한 자를 고치며 포로된 자에게 자유를, 갇힌 자에게 놓임을 선포하며 여호와의 은혜의 해와 우리 하나님의 보복의 날을 선포하여 모든 슬픈 자를 위로하되 무릇 시온에서 슬퍼하는 자에게

화관을 주어 그 재를 대신하며 기쁨의 기름으로 그 슬픔을 대신하며 찬송의 옷으로 그 근심을 대신하시고 그들이 의의 나무 곧 여호와께서 심으신 그 영광을 나타낼 자라 일컬음을 받게 하려 하심이라 (사 61:1-3)

이사야가 예언한 이 말씀을 예수님은 회당에서 큰 소리로 읽으신 후 그날에 성취되었다고 선포하셨다(눅 4:16-21). 사탄을 향한 주님의 종합적이고 완전한 승리는 우리가 이 땅에서 사는 동안 직면하는 세 가지 큰 적인 죄와 육체와 마귀를 처리할 수 있는 도구를 제공한다.

죄와 불법은 마귀에게 무단 침입할 수 있는 문을 열어 준다. 여기서 다시 한 번 혼과 영의 차이점을 알아 둘 필요가 있다. 나는 귀신이 거듭난 그리스도인의 영을 사로잡을 수 있다고 믿지 않는다. 하지만 육체의 일은 마귀의 영향력과 관련이 있으며, 혼과 몸에 영향을 미친다.

죄 때문에 우리의 혼과 몸은 마귀가 침범하여 활동할 수 있는 영역이 되었다. 그것은 슬픔, 정죄감, 거절감, 쓴 뿌리, 두려움, 걱정, 의심, 눌림, 고통, 때때로(언제나 그런 것은 아니다) 정신적 불안정, 감정적 고통, 질병의 영으로 인한 육체의 고통과 같은 증상들로 나타난다.

다시금 강조하지만, 모든 것이 귀신의 짓은 아니다. 만일 모든 것이 귀신의 짓이라면, 해답은 아주 간단할 것이다. 우리는 그저 주님의 이름의 능력으로 귀신을 쫓아내기만 하면 되고, 더 이상 어떤 문제도 없게 될 것이다. 하지만 문제는 그렇게 단순하지만은 않다.

만일 그리스도의 몸 전체가 귀신의 근본 뿌리에 대해 더 빨리 그리고 더 단호하게 다룬다면, 우리의 형편은 더욱 나아질 것이다. 원수의 압제로부터 자유를 얻는 것은 우리의 삶 속 여러 어둠의 영역을 위한 해결의 길을 열어 주며, 성령께서 더욱 빠르게 그것을 비춰 주실 것이다. 그러면 스네이크 라인 너머로 가는 우리의 발걸음은 더욱 빨라질 것이다.

나는 우리가 직면하는 모든 문제가 귀신의 짓이라는 말로 두려움을 조장하고 싶지 않다. 두려움은 경건에 속한 것이 아니다. 하나님은 사랑이시며, 온전한 사랑은 두려움을 내쫓기 때문이다(요일 4:8, 18). 반대로 나는 분별할 수 있는 능력을 일깨워 주고 싶다. 그 분별력은 오직 성령의 도우심과 하나님을 향한 믿음, 곧 말씀을 들을 때(롬 10:17) 주어지는 믿음의 태도(히 6:1)를 통해 얻을 수 있다.

영 분별의 은사(고린도전서 12장 10절에 소개된 육신과 귀신, 성령 등 모든 종류의 영들을 분별하는 은사)는 우리가 개발해야 할 가장 위대한 은사 중 하나다. 하지만 안타깝게도 오늘날 가장 심하게 무시받고 있는 은사다.

분별과 상반되는 두려움의 영은 모든 두려움이 마귀로부터 오는 것이 아닐지라도 하나의 실존하는 독립체다. 그것은 정신적으로 과거의 불쾌한 일들을 들춰내어 우리의 믿음을 막아 강탈할 수 있다. 두려움의 영은 우리가 전능자의 그늘 아래 거하는 것 대신 주님의 능력에서 벗어나 영혼의 어두운 곳으로 숨어 버리도록 위축시키기 위해 우리의 세계관을 장악하려고 한다. 그렇게 되면 우리는 원수의 공격에 쉽게 타격을 입게 된다.

두려움의 고통은 우리를 마비시켜 옴짝달싹 못하게 만들고, 주님이 치유와 회복과 축복의 이름으로 주시는 것을 받지 못하도록 방해한다.

멍

사탄이 준 상처가 있으면, 주님과 동행하는 것이 힘겨울 수 있다. 만일 우리가 타박상으로 멍이 들어 있다면, 아주 느리게 움직이게 된다. 우리가 제한 없이 움직이려면, 우리의 상처를 싸매고 치유하시는 아버지의 계시를 받아야 한다. 아버지의 마음은 하나의 개념으로, 그와 관련된 책을 읽을 필요가 있다. 나의 책 《춤추는 하나님의 손》은 이 주제에 관해 상당히 자세히 다루고 있다.

이 책의 목적을 따라, 나는 상처 혹은 멍의 정의를 다른 사람들의 학대로 인해 생긴 흔적이라고 규정하고 싶다. 그것은 버림받음과 무시와 거절과 (정신적·감정적·육체적) 학대의 영들이다. 이런 것들은 우리 자신에 대한 삐뚤어진 정체성이나 우리를 향한 주님의 시선에 대해 왜곡된 관점을 갖게 한다.

> 사람의 영은 그의 병을 능히 이기려니와 영이 상하면 그것을 누가
> 일으키겠느냐 (잠 18:14, KJV)

죽고 싶은 마음은 슬픔의 상처다. 잠언 13장 12절은 다음과 같이 말한다. "소망이 더디 이루어지면 그것이 마음을 상하게 하거니와 소원이 이루어지는 것은 곧 생명 나무니라." 이것에 대해서는 그리스도인들도 예외는 아니다. 누구나 실망의 화살을 맞으면 고통을 받는다. 나는 어떤 중요한 소망이나 꿈이 산산조각 난 것을 말하는 것이 아니라 일상의 삶 속에서 벌어지는 절망을 말하는 것이다. 삶의 시험은 인생에 쓴맛을 남긴다. 그러면 사람들은 결코 다시는 실망하지 않겠다고 다짐한다.

치유의 기름부음에 관한 계시(그리스도의 긍휼은 환자가 이미 치유된 것으로 본다)는 슬픔의 상처를 싸맬 수 있다. 우리는 너무 낙심하고 절망한 나머지 우리를 구원하시는 주님을 결코 떠나서는 안 된다는 것을 명심해야 한다. 그리고 새로운 삶에 대한 기대 곧 장래의 소망을 회복해야 한다(렘 29:11).

정죄감이나 수치의 상처는 우리 안에 있는 그리스도의 의에 대한 불분명한 이해로 인해 생긴다. 많은 사람들이 확신과 정반대의 정죄감 아래 힘들어 한다. 이미 벌어진 일들을 바로 잡을 방법이 전혀 없기 때문이다. 그러나 과거는 과거일 뿐이다. 과거는 바꿀 수 없다. 우리가 과거에 어떤 반역이나 무지한 행동을 했을지라도, 그것이 우

리의 장래를 지배하도록 내버려 둘 수는 없다. 항상 지난 일들만 바라본다면, 우리는 결코 스네이크 라인 너머에 다다르지 못할 것이다.

당신이 무슨 끔찍한 일을 저질렀든지 나는 관심이 없다. 인간이 떨어질 수 있는 나락의 끝은 없어 보인다. 이 모든 것은 반드시 예수님의 보혈로 씻김 받아야 한다. 그렇지 않으면 그것이 마귀에게 문을 열어 주고, 우리를 과거의 창살에 가둬 버릴 수 있다. 주님의 보혈은 우리의 죄를 제거하든지, 그렇게 하지 못하는지 둘 중 하나다. 반쪽짜리 용서는 없다.

우리가 범한 어리석고 반항적인 결과들에 대해 건전한 차원에서 후회하는 것마저 필요 없다고 말하는 것은 아니다. 분명 경건한 슬픔도 있다. 그러나 과거의 늪에 깊이 빠져 있는 것은 우리의 활동을 크게 제한한다. 따라서 그것은 불경건할 뿐만 아니라 극히 위험한 것이다. 우리가 과거에 엎지른 물에 대한 염려에 계속 사로잡혀 살면, 지금 우리 앞에 놓인 것에 대한 경각심을 놓칠 수 있기 때문이다.

물론 할 수만 있다면 당연히 보상을 해줘야 한다. 하지만 궁극적으로 우리 안에 역사하는 주님의 의를 벗어난 채 우리 자신의 모든 의를 동원할지라도 스네이크 라인 너머에 이르기에는 충분하지 않다는 사실을 반드시 알아야 한다. 우리가 품은 최고의 선한 의지로 행한 최고의 선행도 우리를 구원하기에 불충분하다면, 왜 그토록 우리의 약점에만 집착하려고 할까?

무엇이 사람을 의롭게 만들 수 있을까? 오직 주 예수 그리스도

뿐이다. 우리가 의로운 것은 우리 안에 예수님께서 사시기 때문이다. 그리고 주님은 우리가 의롭다고 말씀하신다. 그렇게 아주 단순한 것이다. 우리는 죄 사함의 문제를 예수님의 보혈로 해결하신 하나님 아버지의 방법에 대한 계시를 반드시 마음에 새겨야 한다. "동이 서에서 먼 것 같이 우리의 죄과를 우리에게서 멀리 옮기셨으며"(시 103:12). 그렇게 멀리 옮기셨다!

의로움의 뜻은 주님 앞에 올바르게 서는 것이다. 당신은 올바르게 서 있든, 그렇지 않든 둘 중 하나다. 로마서 14장 17절은 하나님의 나라는 성령 안에서 의와 평강과 기쁨이라고 말한다. 당신은 하나님 나라 안에 있거나 반대로 어둠의 통치 아래 있다(골 1:13). 이것 아니면 저것이다.

만일 당신이 거듭났다면, 그리고 당신이 의로운 생각과 행동을 하며 계속 성숙할 수 있다면, 당신은 이미 얻은 하나님 앞에 올바르게 서는 것보다 더 올곧게 서는 자리에 나아갈 수 없다. 이것은 전부 다 얻느냐, 아니면 아무것도 얻지 못하느냐의 문제다. 당신은 구원을 받았든지, 아니면 받지 않았든지 둘 중 하나다.

이 책 전반에 걸쳐 기술한 것처럼 우리 혼의 삶과 육체의 구원에 관한 깨달음은 점점 자라고 있다. 당신이 자신의 죄를 (그것이 무엇이든지 간에) 고백하고 예수님의 보혈이 그 죗값을 치르기에 충분하다고 믿으면, 당신은 성삼위 하나님과의 대치관계를 깨끗하게 청산한 것이다(롬 10:9, 요일 1:9).

나는 이사야 64장 6절의 "우리의 의는 다 더러운 옷 같으며"라는 말씀을 잘 알고 있다. 하지만 우리는 또한 우리가 죄를 지었고 구원이 필요한 사람(5절)이라는 문맥 속에서 이것을 보아야 한다. 우리를 바람같이 몰아간 것은 우리의 (죄로 치닫는) 죄악이다(6절).

본문 전체의 핵심은 이것이다. 우리에게는 우리를 바로잡아 줄 구원자가 필요하다! 우리는 우리의 죄를 깨끗이 씻어 줄 예수님의 보혈이 필요하다. 우리 삶 속에 있는 쇠늘을 뿌리째 뽑아 줄 주님이 필요하다. 이것이 바로 예수 그리스도의 현대적 축사 사역의 실재다! 4절의 말씀대로 자기를 앙망하는 자를 위해 역사하시고 기뻐하며, 의를 행하는 자를 만나 주시는 하나님을 기억하자.

바울이 "의인은 없나니 하나도 없다"(롬 3:10)고 말할 때, 그는 시편과 전도서를 인용했다. 그리고 의인이 하나도 없는 이유를 설명한다. 하지만 그가 먼저 이 말을 했다는 것을 기억하라. "어떤 자들이 믿지 아니하였으면 어찌하리요 그 믿지 아니함이 하나님의 미쁘심을 폐하겠느냐 그럴 수 없느니라 사람은 다 거짓되되 오직 하나님은 참되시다 할지어다 기록된 바 주께서 주의 말씀에 의롭다 함을 얻으시고 판단 받으실 때에 이기려 하심이라 함과 같으니라"(롬 3:3-4).

그는 다음과 같은 말로 마친다. "우리가 알거니와 무릇 율법이 말하는 바는 율법 아래에 있는 자들에게 말하는 것이니 이는 모든 입을 막고 온 세상으로 하나님의 심판 아래에 있게 하려 함이라 그러므로 율법의 행위로 그의 앞에 의롭다 하심을 얻을 육체가 없나니 율법으로는 죄를 깨달음이니라"(롬 3:19-20).

그렇다면 이 질문에 대한 대답은 무엇일까? 하나님은 의를 요구하신다. 만일 선행으로는 누구도 정당화할 수 없다면, 명백히 악행은 우리를 의로부터 더욱 먼 곳으로 데리고 갈 것이다. 우리는 저을 노 없이 급류를 거슬러 올라가는 작은 배와 같다. 그렇지 않은가?

그렇지 않다. 바울은 계속 말씀을 이어간다.

이제는 율법 외에 하나님의 한 의가 나타났으니 율법과 선지자들에게 증거를 받은 것이라 곧 예수 그리스도를 믿음으로 말미암아 모든 믿는 자에게 미치는 하나님의 의니 차별이 없느니라 모든 사람이 죄를 범하였으매 하나님의 영광에 이르지 못하더니 그리스도 예수 안에 있는 속량으로 말미암아 하나님의 은혜로 값 없이 의롭다 하심을 얻은 자 되었느니라 이 예수를 하나님이 그의 피로써 믿음으로 말미암는 화목제물로 세우셨으니 이는 하나님께서 길이 참으시는 중에 전에 지은 죄를 간과하심으로 자기의 의로우심을 나타내려 하심이니 곧 이 때에 자기의 의로우심을 나타내사 자기도 의로우시며 또한 예수 믿는 자를 의롭다 하려 하심이라 그런즉 자랑할 데가 어디냐 있을 수가 없느니라 무슨 법으로냐 행위로냐 아니라 오직 믿음의 법으로니라 (롬 3:21-26)

만일 우리가 그리스도 안에 있으면, 수치와 정죄감의 근거가 사라진다. 주님의 승리는 우리를 의롭게 만드셨다. 그 밖의 다른 모든 말은 원수가 우리를 슬픔의 멍으로 병들게 하려고 꾸민 거짓말이다.

거절의 멍은 보통 비방과 잔인한 말, 곧 누군가를 높이기 위해 우리를 깔아 내리는 말에 기인한다. 또한 비꼬는 말도 있는데, 그것은 누군가의 이미지를 짓밟기 위해 지어낸 말이다. 혀는 선용하든, 악용하든 매우 강력한 무기다.

혀의 권세

남의 말 하기를 좋아하는 자의 말은 상처wounds와 같아서 뱃속 가장 깊은 데로 내려가느니라 (잠 26:22, KJV)

"상처"는(한글 성경은 별식으로 번역함 – 역자 주) 흥미로운 히브리어 단어다. 이것의 가장 정확한 뜻은 '불로 태우다'이다. 즉, 우리가 내뱉는 말로 누군가를 불로 태우는 것이다. "이와 같이 혀도 작은 지체로되 큰 것을 자랑하도다 보라 얼마나 작은 불이 얼마나 많은 나무를 태우는가"(약 3:5).

상처는 우리가 하는 말로 사람들의 마음을 오랫동안 괴롭힌다는 뜻이다. 이 단어의 어근은 '게걸스럽게 한 입에 꿀꺽 삼키다'라는 의미로, 마치 우리 입에서 나오는 말로 누군가를 통째로 삼키는 것과 같다. 그래서 뉴킹제임스역은 이것을 '아주 작은 맛난 것'으로 번역했다. 그것은 앙증맞도록 작은 양이다. 한 사람의 가치를 너무도 하찮게 여기기 때문에, 마치 과자 부스러기 먹듯 우리는 사람들을 게걸스럽게 삼킨다. 이것은 비뚤어진 말이며, 마귀가 하나님의 백성을 방해하기 위해 사용하는 주된 무기다.

> 혀는 곧 불이요 불의의 세계라 혀는 우리 지체 중에서 온 몸을 더럽히고 삶의 수레바퀴를 불사르나니 그 사르는 것이 지옥 불에서 나느니라 여러 종류의 짐승과 새와 벌레와 바다의 생물은 다 사람이 길들일 수 있고 길들여 왔거니와 혀는 능히 길들일 사람이 없나니 쉬지 아니하는 악이요 죽이는 독이 가득한 것이라 이것으로 우리가 주 아버지를 찬송하고 또 이것으로 하나님의 형상대로 지음을 받은 사람을 저주하나니 한 입에서 찬송과 저주가 나오는도다 내 형제들아 이것이 마땅하지 아니하니라 (약 3:6-10)

살면서 한 번쯤은 사람들을 저주해 본 적이 있을 것이다. 따라서 이 말씀은 이 책을 읽는 모든 독자에게 적용된다. 우리 가운데 그 누구도 우리가 만나는 모든 사람을 늘 하나님의 형상으로 만들어진 귀한 존재로 대하지는 않는다. 우리는 우리의 말에 스네이크 라인 너머로 가는 누군가를 도와줄 능력이 있다는 것에 감사하거나 오히려 그들을 멀리 몰아 내치는 능력이 있다는 것을 온전히 이해하지 못한다. 진리는 이것이다. 우리는 언젠가 우리가 한 모든 말을 결산해야 할 것이다.

> 독사의 자식들아 너희는 악하니 어떻게 선한 말을 할 수 있느냐 이는 마음에 가득한 것을 입으로 말함이라 선한 사람은 그 쌓은 선에서 선한 것을 내고 악한 사람은 그 쌓은 악에서 악한 것을 내느니라 내가 너희에게 이르노니 사람이 무슨 무익한 말을 하든지 심판 날에 이에 대하여 심문을 받으리니 네 말로 의롭다 함을 받고 네 말로 정죄함을 받으리라 (마 12:34-37)

오, 우리의 혀에 얼마나 축사가 필요한지! 만일 내가 축사에 관한 이 책에서 계속 반복해서 강조하고 싶은 것 한 가지를 고르라고 한다면(물론 나 자신에게도 하고 싶은 말이기도 하다), 우리가 들은 말, 우리의 입에서 나온 말, 그리고 우리가 하나님께 드린 말을 인식하는 것을 꼽을 것이다.

우리는 우리가 내뱉는 말에 충분히 주의를 기울이지 않는다. 그렇게 하려면 우리의 혀에 계속 재갈을 물려야 하기 때문이다. 그것은 참으로 성령의 도움 없이는 불가능하다. 하지만 그것이 우리가 여호와의 산에 오르는 것의 중요성을 약화시키지는 않는다. 거룩의 대로는 우리 삶의 여정 가운데 있는 다른 어떤 요소들보다 우리가 얼마나 혀를 조심스레 지키느냐, 아니면 다른 사람(사탄 혹은 우리 주변의 사람)의 말을 무시하느냐에 달려 있다.

> 무릇 더러운 말은 너희 입 밖에도 내지 말고 오직 덕을 세우는 데 소용되는 대로 선한 말을 하여 듣는 자들에게 은혜를 끼치게 하라 (엡 4:29)

> 죽고 사는 것이 혀의 힘에 달렸나니 혀를 쓰기 좋아하는 자는 혀의 열매를 먹으리라 (잠 18:21)

우리가 하는 말을 주의할 것에 대해 거룩한 성경이 얼마나 많은 분량을 할애하고 있는지 참으로 놀라울 따름이다. 이 점은 우리가 가장 쉽게 간과하고 있는 것 중 하나다. 잠시 시간을 내어 혀에 관한 성경 구절을 연구해 보라(시 39:1, 잠 6:16-19, 12:18, 15:14, 21:23, 약 1:26).

마태복음 16장에 의하면 우리는 묶고 푸는 권세를 받았다. 우리는 혀의 권세를 통해 이것을 실행한다. 그만큼 우리의 말은 중요하다. 그리고 우리가 우리 삶 속에서 그리스도의 승리를 실행하는 방법은 보혈의 능력으로 예수님의 이름(그리고 우리가 위임을 받은 권세)을 선포하는 것과 직접적인 관련이 있다. 그런 다음 그분 안에 있는 우리의 위치와 그리스도 예수 안에 있는 생명의 성령의 법인 하나님의 생명인 조에^{zoe}(롬 8:2)를 누릴 권리를 선포하는 것이다. 참으로 놀라운 말씀 아닌가!

거역의 열매

육체의 일은 분명하니 곧 음행과 더러운 것과 호색과 우상 숭배와 주술과 원수 맺는 것과 분쟁과 시기와 분냄과 당 짓는 것과 분열함과 이단과 투기와 술 취함과 방탕함과 또 그와 같은 것들이라 전에 너희에게 경계한 것 같이 경계하노니 이런 일을 하는 자들은 하나님의 나라를 유업으로 받지 못할 것이요 (갈 5:19-21)

이것은 그리스도를 떠난 가련한 인간의 상태를 보여 주는 처리해야 할 쓰레기 목록이다. 이 구절 안에 많은 정보들이 있지만, 이들 거역의 열매 각각의 정의를 간단히 다루겠다. 이 모든 목록은 우리를 스네이크 라인 아래에 붙잡아 두는 원수의 무기들이다. 이런 함정들을 각별히 주의하라. 성령의 능력과 우리 주님의 은혜로 이것들로부터 자신을 힘써 지켜 나가라! 그리스도 예수의 현대적 축사 사역은 바로 이런 행동들을 우리의 생각과 몸에서 제거하는 것이다. 아멘!

이것은 세 가지 기본적인 죄의 목록으로, 자신을 향한 몸의 죄와 다른 사람들을 향한 혼의 죄와 하나님을 향한 영의 죄들이다.

몸의 죄 목록의 첫 번째는 음행이다. 헬라어 모이헤이아moicheia는 불법적인 성관계를 말하며, 일반적으로 한쪽이나 쌍방 모두 기혼자로서 자신의 배우자가 아닌 다른 사람과 죄를 범했을 때 사용한다. 음행은 호색(포르네이아porneia)과는 구별되며, 간음을 포함한 동성애, 근친상간, 수간 등 여러 형태의 불법적 성관계를 말한다.

더러운 것(아카따르시아akatharsia)은 순결의 반대말로, 불결한 삶을 추구하는 것을 말한다. 이것은 '정욕이 가득한, 사치스러운, 낭비하는, 외설적'이라는 뜻이며, 또한 부도덕하거나 음탕하다는 말이다.

그것은 호색(킹제임스역은 '선정적임'lasciviousness으로 번역)이라는 헬라어 아셀게이아aselgia와 유사하며, 음탕함을 부추긴다는 뜻으로 야하고, 천박하고, 음탕한 반응을 조장하는 행동을 말한다. 또한 '마음껏 만지는 것, 색을 밝히는, 호색의'라는 의미로, 이 단어의 어근은 고대 그리스 로마의 도시이자 현대 터키의 피시디아의 셀게를 말한다. 그 도시의 거주민들은 엄격한 도덕으로 유명했다. 이 셀게Selge라는 단어에 부정을 뜻하는 접두어 'A'를 합성하면Aselge '셀게가 아니다 혹은 부도덕하게 살다'라는 뜻이 된다. 그리고 이 단어는 땅의 대륙들을 암시하거나 경계선을 의미하기도 한다. 따라서 이 단어 앞의 'A'는 전혀 경계가 없이 사는 것을 뜻한다. 한마디로 말하자면, 죽이 되든 밥이 되든 마음대로 살자는 식의 사고방식이다.

술 취함(메떼methe, 여기서 벌꿀술mead이라는 영어 단어가 파생됨)은 술판 혹은 무언가에 중독된 채 노예로 사는 것을 암시한다.

방탕함을 현대적 언어로 표현하자면, 진탕 퍼마시며 흥청거리는 파티다. 이 단어의 헬라어 코모스komos는 폭동으로 번역할 수도 있다. 그것은 통제 불능의 만취상태의 취객이 방황하는 것을 말하며, 포도주와 유희의 신인 바커스Bacchus를 숭배하며 음탕한 노래를 부르기 위해 현란한 음악 혹은 방탕한 축제에 참석해 술파티를 벌이는 것을 뜻한다.

혼의 죄는 다른 사람들에게 범한 죄이다. 갈라디아서 5장에서 먼저 언급한 죄는 증오hatred(한글 성경은 원수 맺는 것으로 번역 – 역자 주)이다. 이 단어의 헬라어 엑뜨라echthra는 적대감을 뜻한다. 이것은 심하게 혐오하거나 누군가에게 원한을 갖고 앙심을 품을 정도로 극렬히 싫어하는 것을 말한다.

분쟁(킹제임스역은 상충으로 번역)의 헬라어 에리스eris는 '걸핏하면 싸우는, 불화, 논쟁, 갈등과 언쟁'을 의미한다.

시기(프토노스phthonos, 경멸과 혐오를 나타낼 때 나는 소리와 유사함)는 다른 사람의 행운을 시샘하는 것이다. 이것의 어원은 '타락한 혹은 더럽혀진, 탐심과 분노와 불신에 의해 실제적으로 파괴된 것'을 암시한다.

살인(포노스phonos, 한글 성경에는 살인이 빠짐 – 역자 주)은 특별히 '살해하다 혹은 도살하다'라는 뜻으로, 사람들의 행복을 망치기 위해 다른 사람의 기쁨을 빼앗는 행동을 뜻하기도 한다. 단순히 사람의 목숨을 앗아가는 것만 아니라 그들의 삶의 즐거움도 빼앗는 것이다. 간음과 마찬가지로 예수님께서는 이유 없이 분노하는 것과 생각으로 살인하는 것이 실제로 살인하는 것과 똑같은 죄임을 분명히 하셨다(마 5장).

킹제임스역에서 분노로 번역한 것을 뉴킹제임스역에서는 '분노의 폭발'로 번역했다. 헬라어로 티모스^{Thymos}는 열정으로 숨을 거칠게 몰아쉬는 것(극렬한 분노로 인한 거친 숨결)을 말하며, 곧 진정될 격렬하고 뜨거운 분노로 가득 차는 것을 뜻한다. 강렬한 열정은 스트롱 사전에 따르면, (술꾼을 미치게 만들거나 아니면 죽일 정도로 강력히) 흥분시키는 와인이다. 한마디로 이것은 독주다! 흥미롭게도 이 단어의 어근은 '살해하다 혹은 더 나아가 제단 위에 희생 제물로 바쳐진 짐승처럼 제물로 바쳐진 희생물을 죽이다'라는 뜻이다. 분노가 자신을 삼킬 정도로 화를 내는 것을 의미한다는 것이다.

경쟁심(질투심, 시기심)의 헬라어는 젤로스^{zelos}인데, 역본에 따라 보통 열정 혹은 시기로 표기한다. 누군가와 경쟁하는 것은 경쟁자를 모방하고, 흉내 내고, 따라하는 것이다. 그것은 다른 사람을 능가하고, 필적하고, 경쟁할 목적으로 누군가를 답습하는 것이다. 이것은 우정 어린 경쟁심을 뛰어넘어 다른 사람보다 한 수 더 앞서 나가기 위한 일종의 강박관념이다. 남에게 지지 않기 위해 애쓰는 것이다.

당 짓는 것의 헬라어는 에리떼이아^{eritheia}로, 다른 성경에서는 논쟁으로도 번역되었다. 그런데 이 단어는 양털을 짜는 것을 함축하며 음모로 선거에서 이기는 것을 말한다. 그것은 우월감을 위한 다툼을 말하며 사람을 자극하거나 (특별히 화를 내도록) 충동질하는 것이다. 스트롱 사전은 당파 근성(선입견, 심판, 편협성, 편견, 좁은 의미에서는 "내 방식만이 유일하게 옳은 길이다"라는 뜻이다)과 성질을 잘 내는 까다로움을 뜻한다. 아주 간단하게 말하자면, 누군가를 앞으로 드러내는 것이며 기만이나 권모술수 같은 저급한 방법으로 대중의 여론을 장악하는 것을 내포한 수도 있다.

마지막으로 영의 죄는 하나님을 대적하는 것이다. 물론 모든 죄가 다 하나님을 대적하는 것이다. 다윗은 이렇게 선포한다. "내가 주께만 범죄하여 주의 목전에 악을 행하였사오니"(시 51:4). 하지만 특별히 이런 육체의 일들은 영적인 태만이며, 하나님은 그것을 매춘이라고 하신다. 즉, 하나님께서 우리에게 그분만을 위해 살라고 명령하셨는데, 우리가 영적으로 자신을 다른 사람에게 주는 것이다. 이것은 우상 숭배다.

우상 숭배(에이돌로라트리아eidololatria)는 형상과 숭배의 뜻을 가진 두 개의 헬라어 단어에서 파생된 것으로, 종이 주인을 섬길 때 적절히 섬기는 것을 뜻한다. 이것은 단순히 새긴 형상에 엎드려 절하는 것만 의미하지는 않는다. 오히려 참된 분, 곧 하나님 대신 다른 형상에 보다 큰 존경심과 애정을 두는 것을 말한다. 그것은 하나님보다 다른 것을 섬기는 것이며, 그 다른 것의 범위는 그분 이외의 모든 것을 포함한다. 탐욕은 우상 숭배의 한 형태다. 그것은 하나님보다 무언가를 더 사랑하는 참으로 부도덕한 범죄다.

만일 당신이 스네이크 라인 너머에서 살기를 갈망한다면, 하나님을 누구보다 더 사랑해야 한다. 물론 우리는 이것을 개념적으로는 잘 알고 있다. 그러나 실천적인 면에서 그리스도인조차 한 번이나 그 이상 하나님보다 누군가 혹은 어떤 것을 더 사랑한 적이 있을 것이다.

주술 혹은 마법(파르마케이아pharmakeia)에서 약국pharmacy이란 영어 단어가 파생된 것을 쉽게 유추할 수 있을 것이다. 신약 성경에서 이 단어는 일종의 주문, 부적, 마법의 묘약, 마술을 걸기 위한 주문을 말하지만, 마약과 독약을 뜻하기도 한다. 극치에 이르는 것은 일종의 마법이다.

분열 혹은 폭동과 선동(디호스타시아dichostasia)은 북극과 남극의 차이를 구분하듯 '양분'dichotomy이란 영어 단어와 유사하다. 빛과 어둠은 양극이다. 선과 악은 상호 배타적이다. 이것은 갈등과 분열을 일으키는 것을 뜻한다. 복합적인 단어인 이것은 '두 개가 서 있는 것'을 뜻한다. 즉 몇 사람은 여기에 서 있고, 다른 사람은 완전히 반대편에 서 있는 것이다. 이것은 사람들 사이에 논란이나 소요를 일으키는 것을 내포한다.

하나님의 백성을 분열시키는 것은 하나님을 대적하는 죄다. 왜냐하면 그것은 불화를 일으켜서 백성들 사이에 역사하시는 하나님의 능력을 억제하기 때문이다. 이것은 하나님께서 원하시는 것을 행하지 못하도록 막는다. 유일한 길 곧 예수님을 믿는 것(요 14:6) 대신 자신이 믿는 것만을 맹종하는 사람들이 있기 때문이다.

이것은 이단이 시작하는 방법이다. 이단(하이레시스hairesis)은 다양한 의견들과 목표들에 기인한 분열이다. 이것은 자신의 교리를 따르는 당파 혹은 분파를 말하며, 말 그대로 '선택하다' 혹은 '투표하다'라는 뜻이다. 흥미로운 점은 그 단어가 '도시를 취하다, 사로잡다, 기습하다'라는 뜻으로도 쓰인다는 것이다.

바울이 "이런 일을 하는 자들은 하나님의 나라를 유업으로 받지 못할 것이요"(21절)라고 말했을 때, "하는"do이란 단어는 한 번의 행동이 아니라 습관적이고 반복적으로 실행하는 것임을 강조하고 싶다. 이 말을 하는 이유는 단회성의 경솔한 행동 때문에 정죄감에 빠지지 않도록 하기 위함이다.

이것은 결코 이런 것들을 한 번 해보고 처벌을 모면하기 위한 공수표가 아니다. 모든 죄는 한 번 범하든, 백 번 범하든 죄다. 따라서 반드시 고백하고, 버리고, 정결케 되어야 한다. 육체의 일이 어느 시점에 반복적이고 습관적인 일이 될지 누가 알겠는가?

핵심은 이것이다. 우리가 죄를 지었을 때 즉시 이것을 주님께 가져가 다루심을 받고 더 이상 재발하지 않도록 노력하는 것은 (그 죄가 얼마나 오래되었는지와 상관없이) 이런 죄들을 짓는 것보다 월등히 낫다.

많은 사람들이 원수가 주는 고통을 다루기 위해 계속 씨름한다. 왜냐하면 그들이 삶의 많은 부분에 걸쳐 이런 거역의 열매들과 불법 거래를 하고 있기 때문이다. 그런데 갈라디아서 5장의 위대한 점은 이 모든 죄의 목록을 마친 후 육체의 일과 상반되는 성령의 열매를 알려 준다는 것이다. 우리는 오직 한 개의 열매, 즉 성령님이 계시다는 것을 잘 알고 있다. 그러나 우리가 성령님께 순복하면 "사랑과 희락과 화평과 오래 참음과 자비와 양선과 충성과 온유와 절제"(갈 5:22-23)와 같은 다양한 모습의 열매를 맺을 수 있다.

　사랑과 희락과 화평은 우리 자신을 위한 추수의 열매다. 이것은 우리의 혼적인 삶, 곧 우리의 생각과 의지와 감정을 보다 유익하게 만들어 주는 좋은 열매로 나타난다. 오래 참음과 자비와 양선은 우리 육신의 삶 곧 타인을 위한 추수의 열매로, 우리가 매일 만나는 사람들을 대할 때 맺는 열매다. 마지막으로 충성과 온유와 절제는 하나님을 위한 열매로, 우리와 주님과의 영적인 교제에 유익하다. 각각의 성령의 열매는 육체의 열매가 세 가지 삶의 영역에 각기 수확물을 얻는 것처럼 영·혼·육 중 하나의 수확물로 나타난다.

　감사하게도 우리에게는 우리를 여호와의 산으로 향하는 좁고 감춰진 길로 인도하시고, 육체의 일로부터 지키고 보호하시며, 전능자의 그늘 아래 두시는 구원의 주님이 계신다. 그 결과 우리는 풍성한 추수의 열매를 거두게 된다. 만일 우리가 이런 문제들을 다룰 수 있고 삶의 양식으로 삼을 수 있다면, 여호와의 산에 오를 수 있다!

사탄이 준 상처가 있으면, 주님과 동행하는 것이 힘겨울 수 있다. 만일 우리가 타박상으로 멍이 들어 있다면, 아주 느리게 움직이게 된다. 우리가 제한 없이 움직이려면, 우리의 상처를 싸매고 치유하시는 아버지의 계시를 받아야 한다.

LIVING
ABOVE
THE
SNAKE
LINE

예수께서 나아와 말씀하여 이르시되 하늘과 땅의 모든 권세를 내게 주셨으니 그러므로 너희는 가서 모든 민족을 제자로 삼아 아버지와 아들과 성령의 이름으로 세례를 베풀고 내가 너희에게 분부한 모든 것을 가르쳐 지키게 하라 볼지어다 내가 세상 끝날까지 너희와 항상 함께 있으리라 하시니라 (마 28:18-20)

권세를 취하라

Chapter 9

Chapter 9

모든 죄가 그런 것은 아니나 대부분의 죄에는 그에 상응하는 귀신이 있다. 나는 예수 그리스도의 현대적 축사 사역이 단순히 귀신을 쫓아내는 것만이 아니라 육신의 것으로부터 자유를 얻는 것이라는 점을 이 책에서 충분히 다루었다고 생각한다.

여기에 다소 애매한 부분에 대한 명확한 기준이 있다. 문제는 모든 육체의 현상에 귀신을 끌어들이는 잠재력이 있다는 것이다. 나는 모든 질병이나 외부에서 벌어지는 일탈 행위마다 특정한 귀신이 있다고 생각하지는 않는다. 하지만 상당히 많은 경우 반복적인 잘못된 행동이나 억눌림과 귀신의 종류 사이에 어떤 연결 고리가 있다고 믿는다.

만일 당신이 《이 시대의 어둠》This Present Darkness이란 책을 읽어 보았다면, 모든 개별적인 죄의 형태에 간음이나 교만 혹은 살인이라는 이름으로 역사하는 타락한 독립체가 있다는 것을 이해할 것이다. 보다 정확하게 말하자면, 많은 죄를 대표하는 변태의 영, 증오의 영, 기타 영들이 있다.

따라서 당뇨로 명명한 귀신이 없다 할지라도, 당뇨나 암이나 관절염을 유발하는 질병의 영들이 있다. 말하자면, 중독의 귀신들은 알코올중독이나 정욕이나 분노로 표출되기도 한다. 예를 들어, 정신분열의 이름을 가진 귀신은 없다 할지라도 정신 질환과 미치게 만드는 마귀는 확실히 존재한다. 거짓의 영은 있지만, 그렇다고 모든 형태의 거짓이 다 귀신의 영향은 아닐 수 있다.

중요한 점은 귀신을 쫓아내기 위해 그 영에 합당한 이름을 필수적으로 알 필요는 없다는 것이다. 생각해 보자. 악한 영이 얼마나 정직하게 대답을 할 것 같은가? 오늘날 많은 건전한 그리스도인들이 마귀와 대화하는 문제에 빠져들고 있다. 우리는 마가복음 5장 9절을 통해 예수님께서 한 귀신에게 이름을 물어보셨다(어쩌면 주님은 귀신이 아닌 그 사람에게 질문하신 것일 수도 있다)는 것을 안다. 하지만 주님은 악한 영에게 잠잠하라고 말씀하셨다. 왜냐하면 그분에게는 사탄의 왕국으로부터 오는 어떤 지식도 필요하지 않으셨기 때문이다(막 1장, 눅 4장).

나는 축사 사역을 한참 동안 하는 사람들을 본 적이 있다. 축사하는 사람들이 귀신과 대화하느라 시간을 많이 소모하기 때문이다. 예를 들면 이런 식이다. "네 이름이 뭐야?" "난, 빌이야." "진짜 이름을 말해 봐?" "사실 난 수지라구." "몇 마리나 들어 있어?" "서른일곱 마리." "거짓말 말고, 사실대로 말해 봐." "음, 사실은 네 마리야."

우리는 예수님 안에서 악한 영들을 쫓아내도록 명령할 수 있는 우리의 권세를 인식해야 한다. 그것이 축사 사역의 핵심이다. 귀신에 대해 아는 것이 축사 사역의 목적이 아니다. 귀신을 아는 것이 무슨 상관인가? 그냥 다 쫓아내라.

물론 우리에게 고통을 주는 것의 근원을 이해하는 것이 중요하지 않다는 말이 아니다. 악한 영들의 활동을 분별하는 것은 억압의 근원을 분별하기 위해 우리가 꼭 알아야 할 것이 무엇인지 알려 준다. 누군가 "저는 아무리 노력해도 알코올중독을 끊을 수가 없어요"라고 한다면, 우리는 중독의 영을 다루고 있는 것이다. 그러나 그것이 보드카의 영인지, 아니면 위스키의 영인지 알 필요는 없다.

이 책을 마치면서 몇 가지 요점을 반복하고 싶다. 시편 91편은 우리에게 원수의 지속적인 괴롭힘으로부터 자유를 누릴 수 있는 실제적인 장소가 있다는 것을 가르쳐 준다. 그곳은 우리가 그리스도 안에 너무도 깊이 감춰져 있기 때문에 마귀와 그의 졸개들이 우리를 찾을 수 없다. 우리는 이것을 가리켜 스네이크 라인 너머에 사는 삶이라고 말한다.

이 은밀한 곳은 주님의 임재 안에 거하며 영원히 안식하는 곳이다. 만일 우리가 충분한 시간을 들여 주님을 앙망하며, 그분께 찬양과 경배를 드리고, 그분의 날개 아래 머물며 주님을 섬긴다면, 우리가 직면하는 문제의 90%는 해결될 것이다.

우리 중 극히 소수만이 이렇게 높은 위치에 이르렀다. 그러나 이곳은 분명 존재하는 곳이다. 나는 우리 모두가 더 높은 부르심을 향해 전진해 나가야 한다고 믿는다. 그 목표를 향해 나아갈 주된 방법 중 하나는 거룩의 대로로 이어지는 좁은 길로 가는 것이다. 나는 우리가 처한 대부분의 환경이 우리의 행동 때문에 스스로 자초한 것이라는 말이 맞다고 생각한다. 이 말은 누군가를 비난하기 위한 것이 아니다. 나 역시 이러한 문제에 빠져 있기 때문이다.

그러니 우리의 원수가 이미 패배한 적이라는 점을 재차 강조하고 싶다. 십자가의 능력은 우리의 대적을 불구로 만들어 버렸다. 그는 당신이 생각하는 것만큼 그리 강하지 않다! 주님께서는 그를 많은 사람들의 구경거리로 만드셨다. 원수가 세상을 속여 그를 실상보다 더 강한 것처럼 생각하도록 만들었다는 사실을 깨닫기 위해 하나님의 보좌 앞에서 원수를 볼 때까지 기다릴 필요가 없다.

우리가 하나님의 자녀로서 그분의 보좌 앞에 마음껏 나아갈 수 있다는 사실을 절대로 잊지 말라. 우리가 용서를 구하고 우리의 잘못된 행동을 회개하면, 우리의 삶에 자유를 주시는 하나님의 은혜를 보게 될 것이다. 또한 우리는 주님께서 우리를 위해 이미 이루신 승리를 실행하시는 성령님과 함께 동역할 수 있다.

주 하나님은 오래 참으시고, 인내하시며, 자비로우시고, 은혜가 충만하신 분이다. 아무리 작은 죄라 할지라도, 주님께는 어떠한 죄도 범하지 않는 것이 지혜다. 또한 우리가 한 가지 잘못을 저질렀을 때, 갑자기 귀신들이 떼로 달려들 것이라는 두려움에 빠져 살 필요는 없다.

이 책에서 나는 교리적 균형을 잡기 위해 노력했다. 그것은 그리스도와 함께 육체를 십자가에 못 박는 것과 거룩한 삶을 유지하는 것의 중요성에 관한 것이다. 무엇보다도 예수 그리스도의 현대적 축사 사역은 하나님의 자녀에게 분별력을 가르쳐 주는 일에 사용되어야 한다. 우리가 허용한 행동은 무엇인가? 우리는 지금 육체를 다루고 있는가, 아니면 마귀를 다루고 있는가? 이것은 견고한 진인가, 아니면 견고한 진 안에 자리를 잡은 귀신인가?

모든 고백하지 않은 죄는 원수에게 문을 열어 준다. 따라서 우리는 이 사실을 무시해서는 안 된다. 하지만 동시에 우리 아버지는 사랑의 하나님이시며 자비로운 왕이시다. 우리가 진실한 회개와 겸손으로 하나님께 나아가면, 그분은 언제든지 우리를 용서하실 것이다!

우리가 어떤 문을 열어 두었든지, 혹은 얼마나 오랫동안 그랬던지 상관없이 우리가 주님의 다루심에 순복하고 그분의 구원을 부르짖는다면, 예수님의 권능으로 그것을 닫을 수 있다.

우리 주님의 현대적 축사 사역은 우리의 죄를 정결하게 하고, 귀신을 내어쫓으며, 우리의 육체를 십자가에 못 박아 견고한 진들을 능히 이길 수 있도록 도와준다. 우리에게는 세 가지 영역의 차이를 분간할 수 있도록 성령의 인도하심과 영·혼·육을 가르는 말씀의 능력이 필요하다. 우리는 이미 우리 존재의 세 영역의 차이를 충분히 다루었다. 우리가 삶 속에서 직면하는 대부분의 문제들은 다른 곳이 아닌 혼의 영역에서 일어나고 있다는 것을 배웠다.

육체의 일에 대해 다루면서, 우리는 원수가 여호와의 산을 향한 우리의 발걸음을 막기 위해 사용하는 몇 가지 열쇠가 되는 영역들을 자세히 살펴보았다. 이런 육체의 일들은 우리의 생각과 의지와 감정 안에 견고한 진으로 나타날 수 있으며, 오직 성령의 권능만이 그것을 무너뜨릴 수 있다. 그러므로 우리는 반드시 우리 자신을 위해 주님의 가지치기에 순복해야 한다.

축사는 과정이자 생활양식lifestyle이며, 마음의 태도다. 우리는 이 사실을 받아들이고 열심을 다해 그것을 추구해 나가야 한다. 그리고 우리의 거듭난 삶의 과정 전반에 걸쳐 주님을 계속 찾고 끊임없이 갈망함으로 이것을 행할 수 있다.

내가 강조하고 싶은 가장 농축된 진리는 이것이다. 하나님께서 당신에게 뱀과 전갈을 밟을 수 있는 권세를 주셨다. 당신은 그분의 이름 안에 있는 권세를 집행할 수 있는 특권과 권리를 가지고 있고, 또한 그것을 사용함으로써 당신의 삶 속에 자유가 일어나는 것을 볼 수 있다. 당신은 자유 가운데 행할 능력이 있고, 스네이크 라인 너머의 고지를 점령할 수 있다!

축사 사역
관리하기

내가 사람들에게 축사의 기도를 하면, 종종 어떤 가시적인 현상들이 나타난다. 때때로 어떤 사람들은 기침을 하거나 구역질을 하고, 다른 경우는 울거나 기쁨으로 크게 외치기도 한다. 이 모든 것은 축사 사역 가운데 나타나는 정상적인 반응이다. 묶인 사람을 자유롭게 할 때 나타나는 이런 현상들에 대해 우리는 마음을 열어야 한다. 아주 강력한 축사의 경우 그런 현상이 더욱 거칠게 나타날 수 있는데, 나는 몇 차례 아주 이상한 일들이 일어나는 것을 보았다. 이런 경우는 주로 뉴 에이지나 주술 행위에 깊이 연루되었을 때 나타나는데, 세계 곳곳에서 이런 현상들이 나타나는 것을 적지 않게 보았다.

그럼에도 불구하고 축사가 일어날 때 어떤 가시적인 현상이 반드시 나타날 필요가 없다는 점을 분명히 밝히고 싶다. 또한 효과적인 축사 사역을 위해 그런 경험을 해야만 한다고 강요해서도 안 된다. 내가 현장에서 이미 가르친 대로, 귀신은 항상 자신을 나타내지는 않는다. 그리고 꼭 밖으로 나타날 필요도 없다. 귀신들은 그냥 떠나면 된다.

많은 경우 내가 사역하는 사람들은 그들이 있는 자리에 똑바로 서서 주님의 이름을 부르고 그들이 받은 권세를 사용할 때 마귀가 반드시 떠난다는 사실을 믿는다. 때때로 사람들은 무언가 분리되거나 위로 떨어져 나가는 것을 느끼기도 하지만, 그렇지 못한 경우도 있다.

내가 사람들에게 그들의 자유를 위해 주님을 부르라고 할 때, 믿음의 선한 행동으로 먼저 예수님의 이름으로 "귀신아 떠나가라"고 명령한 다음 종종 그들의 입으로 여러 차례에 걸쳐 숨을 크게 내쉬며 축사하도록 한다. 마가복음 16장 17절에서 '쫓아내다'는 축출한다는 뜻으로, 무언가를 밖으로 토해내는 것을 암시한다. 그 단어의 어근은 '유동체를 붓다' 혹은 '쓰레기를 배설하다'라는 뜻이다.

당신이 축사를 경험할 때, 반드시 밖으로 토해야 한다고 말하는 것이 아니다. 하지만 어떤 사람의 경우에는 강제로 그렇게 축사하는 것이 믿음의 선한 발걸음이라고 생각한다.

나는 축사 사역 중에 사람들이 극도로 흥분해서 길길이 뛰어야 한다고 믿지 않는다. 다만 어떤 사람이 자유를 주는 진정한 축사를 받고 있는지, 아니면 귀신 들림의 현상에 편승해서 구미를 맞추고 있는지 분별해야 한다. 단지 사람들을 자유케 할 필요가 있기 때문에 어떤 현상을 허용해서는 안 된다. 축사 사역이 혼동과 광분 혹은 두려움의 시간이 될 필요는 없다. 그것은 우리 주님께서 사용하셨던 방법이 아니다.

하지만 우리는 예수님께서 이 땅에서 사역하시는 동안, 그분의 사역 가운데 귀신이 자신을 드러내었다는 것을 볼 수 있다(막 1:26, 5:1-20, 눅 4:33, 8:26-39, 9:42). 또한 사도행전 8장 6-8절에 소개된 빌립의 사역을 주목해 보자. "무리가 빌립의 말도 듣고 행하는 표적도 보고 한마음으로 그가 하는 말을 따르더라 많은 사람에게 붙었던 더러운 귀신들이 크게 소리를 지르며 나가고 또 많은 중풍병자와 못 걷는 사람이 나으니 그 성에 큰 기쁨이 있더라."

축사가 일어나면, 하나님의 사랑의 역사로 큰 기쁨과 평강이 풀어진다. 그것은 사람이 보고 들을 수 있는 진정한 기적이다! 악한 영이 떠나고 깊은 평강이 그 사람을 감싸 안으면, 그는 자유를 얻었다는 사실을 알고 완전히 압도된다. 축사 사역은 언제나 사람들이 자유롭게 되는 것을 보고자 하는 갈망과 긍휼, 그리고 사랑으로 행해져야 한다.

축사는 삶의 방식이 되어야 하고, 성령께서 우리의 마음을 살피시고 그분이 우리의 자유를 유지하도록 허용해 드리는 것이기 때문에 일련의 시간이 걸리는 일임을 꼭 기억하라. 그것은 기도할 때마다 문제점을 발견하려고 자신을 매우 비판적으로 살피는 것이 아니라 성령께서 말씀을 통해 우리 자신을 살피시도록 열어 드리는 것이다.

이 모든 정보는 자가 축사를 위한 기도를 할 때나 다른 사람을 축사로 섬길 때에도 적용할 수 있다. 일반적인 규칙으로는 축사 사역을 할 때 곁에 누군가를 두는 것이 좋다. 나는 당신이 섬기는 지역 교회의 지도자들의 지침을 따라 사역하기를 권면한다.

만일 당신의 교회에 그런 사역이 없다면, 당신이 축사를 할 동안 함께할 성숙하고 지혜로운 사람을 찾으라. 축사는 삶의 양식이기 때문에 당신에게 도움이 필요할 때 합심해서 기도해 줄 그리스도의 몸인 지역 교회 안에서 신실한 관계를 맺는 것은 언제나 유익한 일이다.

그럼에도 불구하고 때때로 당신에게 도움이 필요할 때 사역해 줄 사람을 찾기가 어려울 때가 있을 것이다. 그런 경우라면 당신에게 예수님이 계시다는 사실을 명심하라! 당신이 자유를 얻기 위해 필요한 전부는 바로 예수님이시다.

축사 사역에 있어서 정해진 공식은 없다. 그러나 꼭 기억해야 할 일반적인 원리들은 있다.

축사는 원수를 대적해서 가져오는 하나님 나라의 확장이다. 왜냐하면 그 나라는 우리의 마음에 지금 세워져 있기 때문이다. 우리가 어디를 가든, 우리 안에 하나님 나라를 품고 있나. 따라서 하늘과 땅의 모든 권세를 가지신 예수 그리스도의 위임된 권세를 통해 우리는 어디서나 그 나라의 권세를 풀어놓을 수 있다(마 28:18). 성령님은 축사의 일을 행하시는 분이다. 우리는 단지 예수님의 이름 안에서 우리가 받은 권세를 실행할 뿐이다.

귀신에게 집중하지 말고 사람에게 집중하라. 축사는 뽐내기 위한 능력이 아니라 사랑과 믿음의 행위이다. 그것은 즉각적으로 역사가 일어나기도 하고, 억압하고 있는 깊이와 영의 종류에 따라 시간이 걸릴 수도 있다. 수년간 누군가를 괴롭히며 불법적인 권리를 행사하고 있는 귀신들은 바로 떠나기를 주저하는데, 그것은 그다지 중요하지 않다. 그들은 반드시 떠나야 한다. 우리는 축사가 끝나는 것을 볼 때까지 포기하지 말고 헌신해야 한다.

우리는 또한 사역을 받는 사람의 정직함과 진실함에 대해 알아야 한다. 만일 사역 대상자가 자유를 원하지 않는다면, 귀신은 떠날 필요가 없게 된다. 하나님은 우리에게 축사를 강요하지 않으신다. 어쩌면 가르침과 이해의 결핍 때문에 그 사람이 귀신을 계속 소유하고 싶어 할 수도 있다. 아니면 그들이 쓰레기를 좋아하거나 그것을 내려놓을 준비가 아직 안 되었을 수도 있다. 이러한 경우, 우리는 원하지 않는 사람에게 축사를 강요할 수 없다.

우리가 축사 사역을 요청할 때, 첫 단추는 성령께서 우리에게 보여 주시는 고백하지 않은 죄들을 회개하는 것이다. 사람에 대한 집착을 내려놓거나 그들을 용서해야 할 경우도 있다. 어떤 경우는 잘못한 사람에게 찾아가 가능하다면 배상을 해야 할 때도 있다. 이것은 정해진 규칙은 아니다. 우리는 반드시 성령의 인도하심을 받아야 한다. 하지만 축사 사역을 받기 전에 주님께 나아가 특정한 죄를 깨끗이 용서받는 것은 언제나 가장 지혜로운 선택이다.

예수님은 그분 앞에 있는 우리의 마음에 관심이 있으시지, 마귀에 대해서는 전혀 관심이 없으시다. 축사를 하는 것은 쉽다. 하지만 예수님을 우리 삶의 주인으로 모시는 것은 그분에게 가장 중요한 것이다. 그것은 우리에게 겸손과 깨어진 마음을 요구한다.

우리가 축사를 원할 때, 성령의 감동에 민감해야 한다. 무언가 열린 문이 있다면 꾸짖고 닫아야 한다. 그리고 귀신으로부터 자유를 얻는 것뿐 아니라 견고한 진들로부터 해방되고 싶은 소원이 반드시 있어야 한다. 무단 침입한 귀신이 처음 들어왔던 문을 여전히 활짝 열어 둔 채 귀신을 쫓아내는 것은 그 사람을 더욱 나쁜 상태로 내버려 두는 것이다.

더러운 귀신이 사람에게서 나갔을 때에 물 없는 곳으로 다니며 쉬기를 구하되 쉴 곳을 얻지 못하고 이에 이르되 내가 나온 내 집으로 돌아가리라 하고 와 보니 그 집이 비고 청소되고 수리되었거늘 이에 가서 저보다 더 악한 귀신 일곱을 데리고 들어가서 거하니 그 사람의 나중 형편이 전보다 더욱 심하게 되느니라 이 악한 세대가 또한 이렇게 되리라 (마 12:43-45)

우리는 옛 사람, 즉 많은 고통을 가져오는 문을 열어 놓는 삶의 방식과 연결된 고리를 꾸짖어야 한다. 그리고 성령의 인도하심을 따라 압제의 멍에를 깨뜨리고, 우리보다 앞선 선조들로부터 내려온 가계의 저주를 끊어야 한다.

이와 관련된 한 가지 좋은 예가 있다. 만일 어떤 부모가 주술에 빠져 있다면, 자녀에게 내려온 고통의 죄가 있을 수 있다. 혹은 부모가 알코올중독자라면, 마귀가 자녀에게 영향을 끼치는 중독의 죄가 있을 수 있다. 하지만 모든 귀신이 가계의 저주의 결과는 아니다. 따라서 분별이 필요하다는 것을 다시금 강조하고 싶다.

이제 결론적으로 이것을 얻기 위해서는 다시 주님께 초점을 고정해야 한다. 당신은 지옥에 있는 어떤 귀신도 두려워할 필요가 없다. 싸울 필요가 없는 싸움을 싸우러 나가지 말라. 그러나 당신의 삶이나 주님께서 당신에게 붙여 주신 사람의 삶 가운데 진짜 축사가 필요한 상황에 직면한다면, 당신보다 앞서 가신 분이 계시다는 것을 명심하라. 그분은 당신의 혼과 기쁨과 생명을 대적하는 모든 지옥의 군대를 패배시키셨고, 그들을 작동이 불가능한 상태로 만드셨다.

세상을 이기신 왕 중의 왕이 계신다. 그 왕은 당신에게 그분의 이름을 부를 수 있는 특별한 권리를 주셨고, 당신을 위해 그 이름 안에 있는 천국의 능력과 힘을 주셨다. 그분의 말씀과 성령님은 당신에게 자유를 주기 위해 기다리고 계신다. 당신에게 필요한 모든 것은 그분 안에서 발견할 수 있다. 그리고 예수님은 당신에게 그분의 현대적 축사 사역을 보여 주길 갈망하신다.

주의 이름을 부르라. 그리고 스네이크 라인 너머에 사는 법을 배우라!

하나님께서 당신에게 뱀과 전갈을 밟을 수 있는 권세를 주셨다. 당신은 그분의 이름 안에 있는 권세를 십행할 수 있는 특권과 권리를 가지고 있고, 또한 그것을 사용함으로써 당신의 삶 속에 자유가 일어나는 것을 볼 수 있다. 당신은 자유 가운데 행할 능력이 있고, 스네이크 라인 너머의 고지를 점령할 수 있다!

Living above the Snake Line
: A Unique Perspective on the Present-Day Deliverance Ministry of Jesus Christ

by James Maloney

Copyright ⓒ 2015 by James Maloney (Dove on the Rise International)

Originally Published in English under the title of
Living above the Snake Line by James Maloney

Korean Translation Copyright ⓒ 2020 by Pure Nard
2F 16, Eonju-ro 69-gil Gangnam-gu, Seoul, Korea

The Korean edition is published by arrangement with James Maloney.
All rights reserved.

본 저작물의 한국어판 저작권은 저자와의 독점 계약으로 '순전한 나드'가 소유합니다.
저작권자의 허락 없이 이 책의 일부 또는 전체를 무단 복제, 전재, 발췌하면 저작권법에 의해 처벌을 받습니다.

더 높은 부르심

초판 발행| 2020년 3월 15일

지 은 이| 제임스 말로니
옮 긴 이| 박철수

펴 낸 이| 허철
편　　집| 김혜진
디 자 인| 이보다나
총　　괄| 허현숙
인 쇄 소| 예원프린팅

펴 낸 곳| 도서출판 순전한 나드
등록번호| 제2010-000128
주　　소| 서울특별시 강남구 언주로69길 16, (역삼동) 2층
도서문의| 02) 574-6702
편 집 실| 02) 574-9702
팩　　스| 02) 574-9704
홈페이지| www.purenard.co.kr

ISBN 978-89-6237-303-5 03230

(CIP제어번호 : CIP2020007238
이 도서의 국립중앙도서관 출판예정도서목록(CIP)은 서지정보유통지원시스템 홈페이지(http://seoji.nl.go.kr)와 국가자료공동목록시스템(http://www.nl.go.kr/kolisnet)에서 이용하실 수 있습니다.